dtv

W0460763

»Christian Kracht ist der wohl komplizierteste Ironiker der deutschen Gegenwartsliteratur«, bemerkt Volker Weidermann in seiner Literaturgeschichte. Der leichte Schwindel, der einen bei der Lektüre von Christian Krachts Romanen erfasst, hat sicher auch damit zu tun. Und wenn man die vielen großartigen Texte und die Reiseberichte liest, die Christian Kracht in den letzten Jahren, oft irgendwo unterwegs auf der Welt, geschrieben hat, hat man erst recht das Gefühl, auf schwankendem Boden zu stehen, zumal auch die Gattungsschubladen souverän ignoriert werden. Eine Reisereportage über die Mongolei ist ebensogut eine Erzählung, ein Gespräch über die Schweiz ein Hörspiel und eine Geschichte aus der Ukraine ein Selbstportrait. Die hier versammelten Texte, zu denen auch Krachts erstes Theaterstück und das Drehbuch einer Science-Fiction-Filmversion des Romans ›Faserland‹ gehören, ergeben ein Universum von großer sprachlicher Eleganz.

Christian Kracht, 1966 geboren, ist Schweizer. Nach ›Faserland‹ (1995) schrieb er den Asien-Klassiker ›Der gelbe Bleistift‹ (2000). Außerdem veröffentlichte er ›Ferien für immer‹ (1998; zusammen mit Eckhart Nickel), die Anthologie ›Mesopotamia‹ (1999) und arbeitete an dem Performance-Projekt ›Tristesse Royal‹ (1999) mit. 2001 erschien sein Roman ›1979‹. Von 2004 bis 2006 gab Kracht zusammen mit Eckhart Nickel die Literaturzeitschrift ›Der Freund‹ heraus. Seine Bücher sind in 17 Sprachen übersetzt. Zuletzt veröffentlichte er ›Metan‹ (2006), den Roman ›Ich werde hier sein im Sonnenschein und im Schatten‹ (2008) und die ›Gebrauchsanweisung für Kathmandu und Nepal‹ (2009).

Christian Kracht

New Wave

Ein Kompendium
1999–2006

Deutscher Taschenbuch Verlag

Von Christian Kracht
sind im Deutschen Taschenbuch Verlag erschienen:
Ferien für immer (12881)
Mesopotamia (12910)
Der gelbe Bleistift (12903)
Faserland (12982; 19110)
1979 (13078)

August 2008
Deutscher Taschenbuch Verlag GmbH & Co. KG, München
www.dtv.de
© 2006 by Verlag Kiepenheuer & Witsch, Köln
Umschlagkonzept: Balk & Brumshagen
Umschlagfoto: Corbis/Sygma/Georges Pierre
Druck & Bindung: Druckerei C. H. Beck, Nördlingen
Gedruckt auf säurefreiem, chlorfrei gebleichtem Papier
Printed in Germany · ISBN 978-3-423-13775-1

Für Eva

Les meilleures plaisanteries sont deplacées

Julien Torma

ET IN ARCADIA EGO

Ein Besuch in Djibouti / 2003

Um acht Uhr morgens sausten Ali, Bob, der französische Botschafter und ich mit achtzig Stundenkilometern über einen ausgetrockneten Salzsee, über den Grand Barra. Wir saßen jeder für sich in kleinen weißen Go-Karts, an denen ein Segel befestigt war.

Ich war in Djibouti, dem kleinsten Land Afrikas – Arthur Rimbaud war hier am Horn gewesen, Evelyn Waugh, Charlton Heston, als er den Film „Planet der Affen“ drehte, hier in der Nähe des Salzsees, nun die deutsche Marine und dann ich; es ging qualitativ bergab mit den weißen Besuchern.

Fünfzig Grad Hitze herrschten in Djibouti im Sommer, hier draußen in der Salzwüste sogar siebzig Grad. Doch jetzt, Anfang Februar, war es erträglich, es war die beste Jahreszeit, struppige rote Blumen blühten am Rand der Sanddünen, Adler und Geier kreisten hoch oben in den Luftströmen über den Salzseen.

Der französische Botschafter gewann unser Sandsegelrennen mit links, packte aus seinem Ford Explorer einige Croissants aus, verteilte sie an uns, setzte sich in den Wagen und verschwand dann in einer Staubwolke über den Salzsee in Richtung Hauptstadt.

„Au revoir, Messieurs!“ rief der Botschafter aus dem Wagenfenster.

„Au revoir, Excellence!“ riefen Ali, Bob und ich ihm hinterher, auf dem Blätterteig kauend.

Die Deutschen hatten sich für heute angekündigt, eine ganze Busladung voller Marinesoldaten, die das Sandsegeln lernen wollten. Wir setzten uns auf drei Stühle und warteten. Wir spielten Karten, wir rauchten Zigaretten. Bob trug eine Palette Dosenbier aus der Kühltruhe von einem Ende der offenen Wellblechhütte zum anderen. Die Croissants waren längst aufgegessen. Wir beobachteten Fliegen. Wir zählten Fliegen. Wir zählten Fliegenbeine.

Als der Bus kurz vor Sonnenuntergang noch immer nicht gekommen war, fuhren Ali, Bob und ich zurück in die Hauptstadt Djiboutis, die der Einfachheit halber auch Djibouti heißt, und Bob und ich ließen uns von Ali an einem großen Platz absetzen.

Äthiopische, schwer parfümierte Frauen in Catsuits huschten nach Sonnenuntergang über die Place Menelik. Die schwärzesten Schatten des Nachmittags, die, von der seitwärts stehenden Sonne getrieben, die gelbgestrichenen Arkaden hochgewandert waren, waren nun verschwunden; die Finsternis der Nacht hatte alle Schatten gleichgemacht, einzig die Mauern fühlten sich noch handwarm an. Immer ab halb drei Uhr nachmittags verfiel ganz Djibouti in ein Koma; es war Zeit, Kat zu kauen, die ganze Stadt und das ganze Land standen still, im schwarzen Schatten saßen die Männer mit dicken Backen und kauten die narkotisierenden grünen Blätter, vor sich hin auf die Straße starrend, bis tief in die Nacht.

Bob und ich saßen ebenfalls unter den Arkaden in einem Café und tranken jeder ein Bier aus der Flasche.

„Djibouti ist das teuerste Land der Welt, nach Japan", sagte Bob. Die beiden Biere hatten 32 Dollar gekostet. Bob war aus Johannesburg, er war Vertreter für Schleifgeräte. Einmal im Jahr fuhr er durch ganz Afrika, immer am Äquator entlang, um seine Waren anzupreisen. Während er langsam sein Bier trank, sagte er, er habe noch einen Termin bei Monsieur Al-Gamil, und bat mich, ihn zu begleiten. Ich solle beim Gespräch nichts sagen, er würde mich einfach als seinen Assistenten aus der Schweiz vorstellen. Also tranken wir aus und fuhren zu Al-Gamil.

„Können wir Sie vielleicht für unser Schleifsteinsortiment interessieren?" fragte Bob. „Wir produzieren deutsche Qualität in Südafrika. Wir vertreten die Firma *Pferd*, sehen Sie, eine angesehene Firma, wir können Sie, Monsieur Al-Gamil, zu einem unglaublichen Viertel Ihres sonstigen Bezugspreises beliefern."

„Sie sind zum richtigen Mann gekommen. Ich bin der König von Djibouti."

„Der Baumarktkönig, enfin", sagte Bob.

„Ja, ja, richtig, aber ich bin auch der marokkanische Botschafter in Djibouti. Schauen Sie." Al-Gamil wies mit der beringten Hand in Richtung seines Baumarktes. Eine marokkanische Fahne hing schlaff neben der Registrierkasse, rechts neben dem Feilensortiment.

„Zeigen Sie Ihren Katalog einmal her."

„Bitte."

„Ah, nicht uninteressant. Wenn jemand irgend etwas in Djibouti bauen will, dann kommt er nämlich erst mal zu mir, zu Al-Gamil."

„Eben. Sehen Sie sich bitte Seite 16 an, eine Betonschleifscheibe, und hier, das ist eine ähnliche Scheibe, um Eisen zu schleifen. Es ist gut verarbeitete Ware."

„Und wenn ich zehntausend Stück bestelle, ach was, vierzehntausend Stück ..."

„Dann laden wir Sie zur Industriemesse in Köln ein, dieses Jahr noch."

„Gut, ich nehme ... schreiben Sie auf?"

„Moment", sagte Bob und drückte zwei-, dreimal mit dem Daumen auf den Nupsi oben am Kugelschreiber.

„Vierzehntausend hiervon, dreißigtausend hiervon ..."

Bob notierte sich die Bestellungen, sein Kugelschreiber flog über das Papier wie ein emsiger Sperling auf Nahrungssuche.

„So, und jetzt genug des Geschäfts. Kommen Sie, ich fahre Sie nach Hause. Vorher aber ... einen kleinen Moment ... vous permettez ... Ihre Oberhemden sehen so verwaschen aus, bitte nehmen Sie diese, als Geschenk von mir, von Al-Gamil."

Er griff unter seinen lederbezogenen Schreibtisch und überreichte Bob und mir zwei große rote Pappschachteln mit dem Aufdruck *Pierre Cardin*. Das Preisschild hatte er drangelassen.

„Exzellenz, so ein teures Geschenk", sagte ich.

„Djibouti ist das teuerste Land der Welt, nach Japan", sagte der Baumarktkönig.

„Sie sind wirklich zu freundlich", sagte Bob.

Zu Hause im Sheraton Djibouti packte ich die Pierre-Cardin-Schachtel vorsichtig aus, es war ein Oberhemd, ein minzgrünes, mit kleinen hellblauen Streifen und eingewirkten, weißen Diamantstickereien, in Größe XXL.

In der Bar des Sheraton Djibouti standen deutsche und afrikanische Journalisten, Marinesoldaten, ein paar Offiziere in Zivil und mehrere Feldjäger herum und unterhielten sich über den Galaempfang, heute abend, auf der „Emden". Afrikanische Kellner liefen mit Getränketabletts hin und her. Bob bestellte sich einen Wodka, ich trug Al-Gamils Oberhemd. Die viel zu langen Ärmel waren hochgekrempelt, das Hemd, das mir bis zu den Knien ging, hatte ich in die Hose gesteckt, die sich nun im Becken- und Gesäßbereich bauschte wie eine Windel.

Fregattenkapitän Thiele stand an der Bar und trank ein Bier. Er trug ein lilafarbenes Muskel-T-Shirt, das seinen sonst unter dem Uniformärmel verborgenen, beeindruckenden Bizeps prächtig zur Geltung brachte.

„Teuer, das Bier", sagte Fregattenkapitän Thiele. „Fast so teuer wie in Japan."

„So habe ich mir die Marine nicht vorgestellt", sagte ich.

„Na wie denn sonst?"

„Na ja, ich muß bei der Marine immer an *Querelle de Brest* denken – Sie kennen den Roman von Jean Genet?"

„Nein", antwortete Fregattenkapitän Thiele.

„Oder die Verfilmung von Fassbinder – schneeweiße Uniformen, Schlaghosen, O-Beine, très Tom of Finland. Die deutsche Marine erscheint mir dabei eher recht ... leger."

„Ja, in Zivil tragen wir, was wir wollen. Abends, meine ich."

„Und ich sehe, Sie gehen immer ins Fitneßstudio."

„An Bord. Wir haben da einen Trainingsraum."

„Und Sie schwitzen dann mit den ganzen anderen Jungs ... ähm, den Matrosen ..."

Fregattenkapitän Thiele verdrehte die Augen und wandte sich

ab. Bob hatte sich inzwischen in ein Sofa fallen lassen und starrte in sein Wodkaglas. Thieles Assistentin, die meinem Gestammel zugehört hatte, sah mißbilligend an mir herunter.

„Sie denken, ich trage Windeln? Nein, nein, das ist nur mein Oberhemd, es ist viel zu groß, sehen Sie. Es ist ein Geschenk von Al-Gamil, dem Baumarktkönig von Djibouti."

„Aha", sagte die Assistentin.

Ich suchte nach Worten, um von meinem ausladenden Entenbecken abzulenken: „Sind Ihre ... Haare nicht viel zu lang für das Militär?"

„Ich finde Ihre Frage sehr frauenfeindlich. Ich finde sie sogar ausgesprochen unhöflich. Eigentlich finde ich Sie auch ausgesprochen unhöflich."

„Äh, so meinte ich das gar nicht. Ich dachte eher an US-Filme ..."

„Können Sie sich denn nicht vorstellen, daß Frauen es bei der Marine doppelt schwer haben? Auch ohne solche unreflektierten Fragen?"

„Bitte gehen Sie jetzt", sagte ein Feldjäger, der zugehört hatte und nun einen Schritt vortrat.

„Aber ich wollte doch nur ..."

„Haben Sie verstanden? Sie sind beleidigend und gehen allen hier auf die Nerven. Gehen Sie."

„Kann ich mich vielleicht entschuldigen?"

„Nein."

„Keine Chance?"

„Nein."

„Eine klitzekleine Chance?" Mir kam ein schrecklicher Gedanke. „Bedeutet das, ich darf nicht auf den Galaempfang?"

„Gehen Sie jetzt endlich mal? Oder muß ich deutlicher werden?“ fragte der Feldjäger und griff sich drohend vorne ans Koppelschloß.

Bob, den körperliche Gewalt eher anzog, begann sich aus dem Sofa herauszuschälen. Er wankte auf den Feldjäger zu, das leere Glas Wodka in der rechten Hand zu einem Schlaginstrument formend.

„He, boche! Lassen Sie meinen Kameraden in Ruhe“, sagte Bob. Der Feldjäger, der sehr groß gewachsen war, blickte auf Bob herab, mitleidig, wie ein Schlachter auf ein kleines elsässisches Vögelchen.

„Wir“, Bob deutete mit der einen Hand auf mich und umschloß mit der anderen fester das Wodkaglas, „wir beide gehen jetzt zum Galaempfang.“

„Vergiß es, Bob, du hast doch gehört, was der Feldjäger gesagt hat. Ich darf ganz sicher nicht mit auf die Emden“, sagte ich.

„Ach, Unsinn. Bist du ein Mädchen oder was? Komm einfach mit. Wir gehen. Au revoir, boche.“

Wir drehten uns um und verließen die Bar des Sheraton. Wir hielten eines der Djibouti-Taxis an, die aussahen wie eine zerdetschte Ziehharmonika, und fuhren für fünfundzwanzig Dollar zum Hafen, zur „Emden“. Die Fahrt dauerte vier Minuten. Der Taxifahrer preßte zwischen Katblättern hervor, daß Djibouti das zweitteuerste Land der Welt war, nach Japan.

Am Hafen mogelten wir uns an der nur leicht bewaffneten afrikanischen Hafenwache vorbei, indem wir jeder eine Kreditkarte hochhielten und sagten, wir seien bei der German Navy und müßten zurück aufs Schiff.

An Bord der „Emden" standen Botschafter und deutsche Offiziere in Galauniform, weiß, mit weißen Schuhen und goldenen Epauletten, und ich dachte: Endlich! Genauso habe ich mir die Marine immer vorgestellt! Die Marineoffiziere waren umringt von Journalisten vom Spiegel, der Welt und der Frankfurter Rundschau, die interessante Fragen stellten, und ich ging auf die Toilette der „Emden", die eine ABC-Schleuse hatte, mein Gott, dachte ich, daß es so etwas gibt, Toiletten mit einer Atomschleuse davor.

Es gab Becks-Bier vom Faß, und Bob und ich unterhielten uns mit Nadia, der palästinesischen Journalistin von Al-Jazeera, und mit Kapitänleutnant Matthias Alfons Altmeier über eine Busladung deutscher Marinesoldaten, die heute morgen zum Sandsegeln hätten fahren sollen, draußen, auf dem Grand Barra. Sie waren in den klimatisierten Reisebus gestiegen, der vor der „Emden" gewartet hatte, einfach in irgendeinen beliebigen Bus, den die Feldjäger dann natürlich verpaßt hatten, und alle 30 Soldaten wurden von dem ahnungslosen Busfahrer an die somalische Grenze gefahren. Die Deutschen, so schien es, sprachen alle kein Französisch, der afrikanische Busfahrer natürlich kein Deutsch, und um ein Haar wäre der ganze Bus von somalischen Freischärlern an der Grenze gekidnappt worden, und dann, erzählte Al-Jazeera-Nadia, dann hätten die ganzen Journalisten hier endlich einmal wieder etwas zu berichten gehabt.

Ich erzählte ihr nicht, daß Ali, Bob (der inzwischen den Reporter von der Frankfurter Rundschau mit wahllos ausgerufenen Schlagworten wie „Versailler Vertrag" und „Maginot-Linie" zur Weißglut trieb) und ich heute ab acht Uhr früh auf den Bus mit den Marinesoldaten gewartet hatten, daß wir extra Rindfleisch mit Nudeln für dreißig Mann gekocht hatten und Biere geschleppt und Fliegen gezählt, draußen, am großen Salzsee, unter den kreisenden Geiern.

„Ahm, Djibouti ist das ...", sagte ich zu Kapitänleutnant Matthias Alfons Altmeier, „... teuerste Land der Welt, nach Japan", sagte er und lächelte. Ich lächelte zurück. Hier war jemand, mit dem man reden konnte.

„Wie ist die Marine denn wirklich?"

„Ganz in Ordnung. Viele der Jungs haben Angst. Viele gehen niemals an Land. Was sollen sie auch in Afrika."

„Aber warum genau trauen sich denn die Soldaten nicht von Bord?" fragte ich, obwohl ich die Antwort schon ahnte.

„Weil da draußen nichts ist. Empty. Zero. Zilch."

„Und woher wissen Sie das?"

„Weil ich Spex-Leser der ersten Stunde bin."

„Ach, Spex", seufzte ich. „Na gut. Wenn Sie irgendein The-Smiths-Zitat für immer und ewig der Welt mitteilen könnten – falls diese Geschichte einmal gedruckt wird –, Kapitänleutnant Matthias Alfons Altmeier, dann sagen Sie es jetzt."

„I'd like to drop my trousers to the queen."

„Genau", sagte ich.

DER DURSTIGE KRIEG

Ein Gespräch mit dem Chaco-Veteran Bernhard Fischer / 2004

Der Chacokrieg war eine heute fast vergessene militärische Auseinandersetzung zwischen Bolivien und Paraguay um den nördlichen Teil des Gran Chaco zwischen 1932 und 1935. Bolivien erhob seit 1852 Ansprüche auf das unbewohnte Gebiet. Beide Seiten hatten bereits in den Jahrzehnten vor dem Krieg damit begonnen, die Steppe- und Sumpflandschaft zu durchdringen und dort Forts und Stellungen zu bauen. Da erhebliche Bodenschätze, darunter Erdölvorkommen, in dem Gebiet vermutet wurden und Bolivien in Zusammenarbeit mit der amerikanischen Standard Oil Probebohrungen veranlaßte – Paraguay hatte seinerseits seine Ölkonzessionen an die British Petroleum vergeben –, kam es nach einer Vielzahl von Grenzzwischenfällen und Scharmützeln 1932 zum erklärten Krieg, der von beiden Seiten verbissen und unter großen Opfern geführt wurde.

Auf beiden Seiten wurde im Grabenkampf in der Steppe zum letzten Mal das veraltete Arsenal des Ersten Weltkriegs eingesetzt, feste Maschinengewehre, Handgranaten und Flammenwerfer sowie Doppeldecker. Sie wurden aus Europa, vor allem Frankreich, England und der Tschechoslowakei sowie Nordamerika geliefert.

In den Kämpfen konnten sich die Paraguayer gegen die zahlenmäßig stärkeren Bolivianer durchsetzen und bekamen bei Kriegsende den größten Teil des umstrittenen Gebietes zugesprochen. Bolivien verlor rund 200.000 km² seines Territoriums. Paraguay verdoppelte sein Staatsgebiet, konnte die bolivianischen Ölfelder am Fuß der Anden bei Camiri allerdings nicht mehr erobern. Insgesamt verloren in diesem Krieg 50.000 Paraguayer und etwa 60.000 Bolivianer ihr Leben.

Bernhard Fischer ist vierundachtzig Jahre alt. Obwohl er Deutschland nie gesehen hat, spricht er außer dem einheimischen Guarani das sächsisch gefärbte Deutsch seiner Vorfahren. Er sitzt mit seiner Frau Magdalena Fischer vor seinem Bauernhaus am Nordrand von Tacarutÿ, einer hügeligen Siedlung acht Kilometer von Nueva Germania, Paraguay entfernt. Die wenigen Hühner der Fischers scharren im Sand vor ihren Füßen. Bernhard Fischer war zwei Jahre lang Gefreiter im Krieg gegen Bolivien, von 1933 bis 1935. Seine Großeltern sind 1888 zusammen mit Elisabeth Förster-Nietzsche nach Paraguay ausgewandert.

CHRISTIAN KRACHT: Herr Fischer, was war das Schlimmste am Krieg?

BERNHARD FISCHER: Ja, das war der Durst. Er wurde ja auch später „Der durstige Krieg“ genannt. Es kam kein Wasser an die Front. Die Schienen, die uns nach vorne gebracht haben, die hörten vielleicht 160 Kilometer südlich von uns auf. Es gab dort oben ja auch keine Straßen, es war nur Busch und Steppe. Wir haben Kakteen abgeschnitten und ausgesaugt, auch eine runde Wurzel ausgegraben, dann gab es die nicht mehr, dann haben wir vorne in unsere Feldflaschen gepinkelt und das ausgetrunken.

CHRISTIAN KRACHT: Wie waren Sie ausgerüstet?

BERNHARD FISCHER: Wir bekamen einen Karabiner und eine Wolldecke, die wurde um die Schulter getragen, und einen Munitionsgürtel, der wurde über die andere Schulter getragen, über die Brust gekreuzt – hier, so. Ich war ein halbes Jahr am schweren Maschinengewehr. Wir hatten die Samu-ú – die Flaschenbäume – ausgehölt, dort saßen wir drin, das waren unsere erhöhten Maschinengewehrnester, zwei Meter über dem Chaco, da konnten wir alles sehen. Wir hatten eine Feldflasche und einen Tornister für das Essen. Essen gab es ja genug, nur zu trinken nicht. Wir konnten doch jagen mit der Mauser. Die Front war viele hundert Kilometer von Asuncion entfernt, dort, wo der Chaco in die bolivianischen Anden übergeht. Ich erinnere mich, einmal habe ich Vögel gesehen, die weit weg am Horizont kreisten – da habe ich zu meinem Offizier gesagt: Dort wo die Vögel sind, da gibt es Wasser. Wir sind also einen Tag lang hinmarschiert, und tatsächlich war dort ein kleines, schlammiges Wasserloch. Wir haben alles vollgemacht, was wir hatten, alle Feldflaschen, Schweineblasen, Eimer – die haben wir dann auf Brettern zurückgetragen zu den Männern, aber zwei Tage später war es wieder alle, und wir hatten wieder einen schrecklichen Durst.

CHRISTIAN KRACHT: Verwundet wurden Sie nie.

BERNHARD FISCHER: Nein, ich hatte ja das Amulett. Viele

sind gefallen, so viele, aber mir ist nie was passiert. Ein Schuß ist mir durch den Ärmel der Uniform gekommen, da wieder raus, sehen Sie. Einmal, gegen Ende des Krieges, habe ich mich zum Trinken herabgebeugt, da war ein Flußlauf mit wenig Wasser, dorthin hatten wir die Bolivianer gejagt, sie dann umzingelt und reingedrückt in den Flußlauf, die sind die Böschung hinabgefallen, und wir haben sie von oben erschossen. Der Fluß kam von oben, von den Anden her. Da habe ich mich zum Trinken herabgebeugt, eine Kugel kam geflogen und hat meine Haare berührt, hier oben habe ich es gefühlt, ganz heiß war es. Hätte ich mich nicht gebeugt in dem Augenblick, sie hätte mich ins Gesicht getroffen.

CHRISTIAN KRACHT: Dank dem Amulett.

BERNHARD FISCHER: Das war doch nur ein Aberglaube. Der Herrgott hat mich beschützt.

CHRISTIAN KRACHT: Bitte erzählen Sie davon.

BERNHARD FISCHER: Ich trug es um den Hals, ich und meine zwei Brüder, die mit mir in den Krieg gingen, die hatten auch je eines. Es war ein kleiner zusammengefalteter Zettel in einer kleinen Dose, die hier um den Hals hing, so. Auf dem Zettel stand – ich krieg es nicht mehr zusammen – möge Gott uns beschützen, wer dieses trägt, den wird keine Kugel treffen, oder so ähnlich. Wir haben dann jedem Jungen an der Front, der Deutsch sprechen konnte, auch so ein Amulett gemacht, wir haben einfach die Worte abgeschrieben und es denen um den Hals getan. Meine Brüder wurden ebenfalls nicht verwundet. Einmal waren wir auf einer Sandstraße, das war wohl schon auf bolivianischem Gebiet, man konnte die Berge von dort aus sehen, wie sie hinaufgingen, so hoch hinauf – da waren die Bolivianer auf der Flucht und hatten ihre Toten und Verwundeten zurückgelassen. Links und rechts der Piste lagen sie, ganz wie weggeworfene Holzscheite, und einer der Verwundeten, es war ein junger bolivianischer Bursche, ganz blond, der sprach deutsch und sagte immer nur „Ich habe solchen Durst. Gebt mir Wasser". Aber ich konnte ihm doch kein Wasser geben, es war der Feind, und wir hatten selber kein Wasser. Er ist dann vor unseren Augen gestorben. Viel später hat meine Mutter sich eines der Amulette um den Hals gehängt, sie ist weit über hundert Jahre alt geworden, bis ins Grab hat sie es getragen.

CHRISTIAN KRACHT: Aber sie war nicht im Krieg?

BERNHARD FISCHER: Doch, doch, sie war im letzten Kriegsjahr Sanitäterin, als es nur noch Verwundete gab, jeden Tag, ganze Züge voll kamen zurück in die Hauptstadt. Sie hat in Asuncion in einem Militärspital gearbeitet, Soldaten vernäht, amputiert, dies und jenes. Unsere Nachbarn haben nicht an das Amulett geglaubt, sie haben gesagt, wir sollen es einem Hund umhängen, dann würden sie auf ihn schießen, mal sehen, ob es was taugt.

CHRISTIAN KRACHT: Was wurde mit den Gefangenen gemacht?

BERNHARD FISCHER: Die Bolivianer haben die Unsrigen immer gut behandelt. Es gab zu essen, sie wurden versorgt. Aber wir haben uns ihnen gegenüber nicht gut verhalten. Die verwundeten

Gefangenen wurden nach Asuncion gebracht und dort in ein sehr schlechtes Spital gelegt, wo es nur wenige Ärzte gab und viele gestorben sind. Die Gefangenen, die laufen konnten, wurden durch Asuncion getrieben, die Zivilbevölkerung hat sie bespuckt und mit Steinen beworfen und mit Eisenstangen geschlagen. Es war überall Blut in den Straßen, da habe ich mich geschämt, Paraguayer zu sein, das war später.

CHRISTIAN KRACHT: Nachdem es zu Ende war.

BERNHARD FISCHER: Ja, wir haben vom Ende erst ein paar Tage später erfahren. Die Nachricht mußte doch aus Asuncion kommen, da gab es keine Telegrafenmasten und keine Funkverbindung zu uns. Die ganzen Befehle kamen immer ein paar Tage später bei uns im Norden an. Wir haben also weitergekämpft, obwohl der Krieg längst aus war. Und dann haben es endlich alle mitbekommen, und wir sind hinüber zu den Bolivianern und sie sind herüber zu uns, und wir haben uns gegenseitig umarmt und geweint. Was vorbei ist, ist vorbei.

DER WEG ZUR ABSORPTIONSKÄLTEMASCHINE

Erzählung / 2004

Then the heart of heaven
Blew mist in their eyes,
Which clouded their sight
As when a mirror is breathed upon
Their eyes were covered and they could see only
What was close, only
What was clear to them.
Popul Vuh

Die Anmeldung des Servel/Robur-Absorbers beim Nürnberger Patentamt lief glatt; Dr. Albert Einstein und Dr. Leo Szilard verließen das helle Gebäude fröhlich und aufgeräumt. Beim anschließenden Spaziergang zur Nürnberger Burg hinauf sprach man über Sicherheit, Aggregatzustände und verlorene Lieben. Als sie die Burg fast erreicht hatten, machte Leo Szilard ein seltsames Geräusch. Es klang aus einiger Entfernung wie das Rütteln eines gerade abgeschalteten Kühlschranks. Albert Einstein musterte seinen Freund skeptisch.

Im Labor hatte der Szilard schon mehrfach darauf hingewiesen, daß es Geräusche gab, die die Kollegen nicht gerne hörten, egal welchen Ursprung sie hatten. Szilard zog es dann stets vor, mit dem Kopf zu schütteln und seinerseits – wie zur Klage – mit der wedelnden Hand durch Einsteins penetranten Pfeifenrauch zu fahren.

Bereits seit einigen Wochen hatte Szilard es sich angewöhnt, sein Leiden privat mit sich selbst auszumachen. Jeden Morgen setzte er sich zu diesem Zweck einige Minuten in die frisch eingelassene Badewanne und ließ seinen Beschwerden freien Lauf. Die Blasen, die vom Grund der Wanne aufstiegen, sahen zunächst harmlos aus, bis sie ihren raschen Weg an die Oberfläche fanden. Die Berauschung, die dann folgte, hatte Szilard an einem besonders gehaltvollen, kalten Wintermorgen auf gleich zwei Ideen gebracht.

Erstens: Eine Absorptionskälteanlage müsste sich von einer Kompressionskälteanlage dadurch unterscheiden, daß der mechanische Kompressor durch einen thermischen Kompressor ersetzt wird. In diesem thermischen Kompressor würde ein Zweistoffgemisch umgewälzt werden, das sich bei wechselnden Konzentrationen aus dem Kältemittel und dem für dieses Kältemittel geeigneten Lösungsmittel zusammensetzt.

Zweitens: Dieses Lösungsmittel würde durch die Auflösung eines Dampfes oder eines Gases in einer Flüssigkeit entstehen. Sollte man ein Kühlgerät entwerfen können, welches nach diesem Absorptionsverfahren arbeitet, müßte es als Kältemittel hauptsächlich Ammoniak (NH_3) enthalten, da dieser geruchsintensive Stoff vom Wasser leicht aufgenommen, also absorbiert wird. Als Absorptionsmittel würde demnach eine wässrige Lithiumbromidlösung dienlich sein.

Als Szilard an diesem Tag, abgetrocknet und schnell angezogen, ins Labor eilte, um Einstein zu informieren, konnte er es fast nicht abwarten. Noch ganz außer Puste stand er, während er sich den weißen Kittel überwarf, vor ihm und begann keuchend zu erzählen. Gleich schon, als er beim thermischen Kompressor angelangt war, legte Einstein sanft die Hand auf Szilards Unterarm. Er habe eines vergessen, bei aller Liebe: die Größe.

Gegenüber herkömmlichen Kompressions-Kühlanlagen (zum Beispiel bei einem Haushaltskühlschrank) hätten, so Einstein, Absorptions-Kühlsysteme bei gleicher Kälteleistung doch einen mindestens neunfachen Energiebedarf, welcher vor allem durch die Wärmeerzeugung im Kocher entstehe. Man bräuchte dann – hier fuhr Einsteins Zungenspitze aus dem Mundwinkel – also neun hoch zwei, also einundachtzigmal soviel Platz.

Szilard wandte energisch ein, daß sich Absorptions-Kühlanlagen zur Verwirklichung energieeffizienter Kraft-Wärme-Systeme viel besser als Kompressions-Kühlanlagen eignen würden. Einstein müsse es doch ganz leicht verstehen, so Szilard, er solle sich einfach mal daran erinnern, daß der Kocher statt mit Strom auch mit Dampf oder Abwärme erhitzt werden könne. Die so entstehende Schnittstelle wäre zudem, bitteschön, beim gleichzeitigen Betrieb von Blockheizkraftwerken von Nutzen. Denn häufig, so solle er doch einsehen – Szilard schob Einsteins Hand entschieden von seinem Unterarm –, würde im gleichen System nicht nur Wärme und Strom, sondern auch Kälte gebraucht. Da fiel der enorm hohe Platzbedarf gar nicht weiter ins Gewicht.

Vor seinem geistigen Auge erschien Szilard in diesem Moment ein eiförmiger Kühlspeicher von der Größe des Brandenburger Tors. Einstein verschränkte die Arme vor der Brust und stieß eine Pfeifenrauchkaskade in das übelriechende Labor. Er solle es doch einmal aufmalen, so Einstein, als Formel, dann würde man ja sehen, ob es hinke oder nicht.

Dieser Tag lag nun einige Wochen zurück, der Winter war vorbei, das Patent – denn Szilard sollte auf seine Weise recht behalten haben – war angemeldet, und die beiden Wissenschaftler standen im Nürnberger Burghof und rauchten. Der strenge Geruch hatte sich in der frischen Vormittagsluft aufgelöst. Die Speisegaststätte Burgfrieden hatte die ersten Stühle in den Kies gestellt, und auf einer Schiefertafel war mit eckiger Sütterlin-Kreideschrift das Angebot des Tages zu lesen. Es gab, wie immer im Frühjahr, Würstel mit Kraut.

RETARD

Erzählung / 2001

Als Albert Voss über den verkarsteten Grat schritt und in das Tal hineintrat, wurde es schon Tag. Die Wipfel der Bäume schienen in tannenzapfenartigem Hell, während das darunterliegende, später sicher zu Reisig werdende, nadelige Grün noch immer das Dunkel der Nacht unter sich führte, es schützend vor dem nahenden Tag verbarg. Albert Voss' Schuhe versanken im weichen Gras, über die Schulter blickend entdeckte er, daß die Halme in den Kuhlen, die seine Schuhsohlen getreten hatten, sich nun wieder aufrichteten; keine zwanzig Meter hinter ihm waren seine Fußspuren nicht mehr auszumachen.

Albert Voss mußte lang und ausgiebig husten. Er blieb stehen, zog ein kariertes Nastuch aus der Hosentasche und wischte sich den Mund ab. Das Tuch ordentlich wieder zusammenfaltend, öffnete er seinen dunkelgrauen Filzsack und warf das Gefaltete hinein, dann verließ er die Grasmatten und ging auf dem Pfad weiter, vorsichtig einen Fuß vor den anderen setzend.

Links und rechts des Weges waren jetzt die ersten wirklichen Spuren des Unrates zu sehen, wie helle Schneeflecken oder rare Schmetterlinge im dunklen Grün lagen dort benutzte Kondome.

Vom Wind entrolltes Toilettenpapier hing in den unteren Zweigen der Fichten, aufgerissene Tütchen und Fläschchen säumten den schmalen Pfad. Albert Voss sah eine Windel.

In seinem eilig heute morgen eingesteckten Notizbuch markierte er die exakte Stelle. Er fertigte im Stehen rasch noch eine Zeichnung der Umgebung an, das Tal, den Weg, den Grat, die Windrichtung notierte er dazu, indem er den Zeigefinger in den Mund schob und ihn dann hoch in die Morgenluft hielt und die Kälte spürte, die sich um die Fingerspitze schlich. Die genaue Lage der Windel – denn sie war das größte Fundstück, die augenscheinlichste Verunreinigung – kennzeichnete er mit einem „X".

Das Tal – hellgrün in dunkelgrün – gab nun seine Geheimnisse preis. In den Apfelbäumen hingen orangerote Plastikschaukeln, die Sperrholztür einer kleinen, fensterlosen Hütte schlug mit knarrendem Scharnier auf und zu, über den Wannenrand einer weiß emaillierten Viehtränke schwappte das Wasser und verlief sich im Gras, das neben und unter der Wanne üppiger und höher wuchs als ringsumher. Albert Voss war noch nie hier oben gewesen, er zeichnete alles exakt auf in seinem Büchlein – die Tränke, die Schaukel, die Hütte –, nicht, weil es ihm gestern abend, unten im Dorf, so aufgetragen worden war, sondern weil er wußte, dass nur detaillierte Kenntnis der exakten Lage denen, die nach ihm kämen, die Arbeit erleichtern würde.

Er war fast die halbe Nacht hindurch gelaufen, nur ein-, zweimal Rast machend, um etwas Reis und Nori zu essen und Tee aus der Thermoskanne zu trinken. Während das heiße Getränk in seinen Mund geflossen war, hatte er auf die Nachtgeräusche des Waldes um ihn herum gehört und auf das Geräusch des Teeschluckens in ihm. Albert Voss war stumm, stumm geboren, es waren ihm keine Stimmbänder gewachsen, mit denen er Klänge oder Töne oder Wörter hätte imitieren können. Manchmal war es ihm, als lebe er in einem Raum ohne Menschen.

Er betrat die Hütte, fühlte mit den Fingerkuppen beim Betreten das Holz der Tür – er mußte sich etwas herabbeugen, um nicht mit der Stirn an den schweren Kerbrahmen zu schlagen – und sah die Mappe sofort. Sie lag auf einem Tisch in der Mitte des einzigen Zimmers. Er schob sein Notizbuch in die hintere Hosentasche, um die Hände frei zu haben, wischte sich mit Daumen und Zeigefinger die Nase und die Mundwinkel ab und klappte die Mappe auf.

Es war warm in der Hütte, viel wärmer noch als draußen, die Morgensonne schien auf die Tonziegel des Daches, nun lief ihm ein Schweißtropfen vom Haaransatz das Gesicht herunter, sammelte sich für einige Augenblicke unter seinem Kinn und fiel dann herab auf die linke Seite der offenliegenden Mappe – Albert Voss dachte während des Fallens an einen Super-8-Lehrfilm, den er einmal gesehen hatte, an den kleinen, ganz exakt runden Wassertropfen, der entsteht, nachdem zwei flüssige Körper aufeinanderprallen, so, dachte Albert Voss damals, sei auch der Mond entstanden – und nun blätterten seine Finger auch schon in dem in der Mappe liegenden Stapel Polaroids, die sich langsam vor seinen Augen, so schien es ihm, rückwärts entwickelten. Er spürte die Wärme der Sonne auf seinem Rücken, die durch den Spalt der offenen Tür in die Hütte schien, sah, wie die Farben der Sofortbilder in seinen Händen verblaßten. Ein Ball, eine Kiste mit Beeren, die eben noch rot geleuchtet hatten, verschwanden; ein alter beigefarbener Tennisschläger, an eine Wand gelehnt, wurde unsichtbar; eine mit grünem Moos bewachsene Mauer, vor der eine sorgfältig zu einer Spirale zusammengeharkte Kiesfläche zu sehen war, löste sich auf, und das Foto eines Feuerwerks, gelb und rot am dunkelblauen Nachthimmel, verwandelte sich vor seinen Augen in ein hellgraues Nichts; erst verblaßte das Leuchten der explodierenden Raketen, dann, langsamer, die dunkelblaue, schützende Nacht selbst.

Albert Voss bewegte die Polaroids in den Händen hin und her, er mischte sie unruhig, als könne er dadurch das Verschwinden aufhalten, aber es nützte nichts, bald waren alle Fotos leer, auf ihnen nie etwas gewesen, nur seine Retina barg noch die Erinnerung, vielmehr, die Fläche hinter seinen Augäpfeln war noch mit dem Licht der Farben beschienen, und er legte die Fotos sachte wieder hin, schloß die Mappe und verließ die Hütte, hinaus in den blendenden Sonnenschein des beginnenden Tages. Er hockte sich vorsichtig neben die Hütte, legte sein Notizbuch neben sich ins Gras und begann zu warten, auf die anderen, aus dem Dorf.

DAS ÄGYPTISCHE FURNIER

Ein Besuch in Kairo / 2006

Das Glitzern des Nildeltas von oben, die ockerfarbene Landepiste, die Sonne, der Wüstenplanet, Arrakis, das verbrannte Umbra des ägyptischen Winters, die Ankunft in Kairo, das langsame Ausrollen der Egypt Air, der Flughafen, gelb gekachelt, das Neonlicht, die Präpostmoderne, David Lynchs *Dune*.

Die Männer am Zoll, es sind dieselben wie damals, ihre schwarzen Uniformen aus rauher Wolle, die Ledergürtel, die sich um mächtige Bäuche spannen, die rasierten Schädel, die Bärte, der schläfrige, absolut desinteressierte Blick in den Paß, der mit der Wucht der Routine herabsausende Stempel auf die beiden Klebmarken, eine orangefarben, die andere grün, alles exakt so wie damals, vor fünfzehn Jahren, ewig her.

Im „Hotel Flamenco" auf der Bettkante gesessen, etwas ratlos versucht, die Phantasmen zu ordnen. Im Bad in den Spiegel gesehen. Mehrmals „Arrakis" gewispert, „Desert Planet". Abends dann telefonisch versucht, irgend jemand vom Goethe-Institut zu überreden, mit mir essen zu gehen. Alle haben leider schon etwas vor, deshalb alleine ins Hotel Windsor gefahren, drüben in Ezbekiya. Worte kommen sofort zurück, die längst vergessen geglaubt waren: *malesh, alatoul, min fadlak, wah bessamacht, shokran.* Diese schönen schwarz-weißen Taxis wieder, Peugeot 504, diese von den Jahren zerschlissenen, nie geflickten Interieurs – über dem Sitz im Fond sind blauschimmernde Neonbirnen montiert, die die Taxen vom Straßenrand aus erscheinen lassen, als würden dort Aquarien durch die Kairoer Nacht gefahren, als seien die Passagiere hellblau beschienene, dicke Goldfische, die durch die Adern der Stadt schwimmen.

Die Sharia al Alfy, früher noch befahren, dunkel, dreckig, geheimnisvoll und, um einmal gegen Edward Said zu sprechen, eben doch absolut orientalisch, sie ist nun, Jahre später, eine hell erleuchtete Fußgängerzone, an der man nicht mehr erkennen kann, ob sie in Kopenhagen, Auckland oder Istanbul liegt.

In der berühmten holzgetäfelten Bar des Hotel Windsor, in der sich seit dem letzten Besuch vor fünfzehn Jahren zum Glück überhaupt nichts getan hat, in einem der Sessel versunken anderthalb Stunden lang in Athanasios Bastekis Standardwerk über die christliche Orthodoxie gelesen. Nicht gewußt, daß sich die Liturgien der ägyptischen koptischen Kirche und jene der russisch orthodoxen Kirche nicht nur sehr ähnlich sind, sondern daß im Bildnis, welches der koptische Maler und auch der russische Ikonenmaler auf Holz oder Gold applizieren, wirklich Gott wohnt. An den Wänden hängen gerahmte Fotografien des weltreisenden Komikers Michael Palin, feixend. Der nubische Barkeeper wischt mit einem hellen Lappen langsam und andächtig die Biergläser aus.

Um halb sieben Uhr kurz über Bastekis Standardwerk eingenickt, aufgeschreckt, das Stella-Bier bezahlt, eher aus Müdigkeit als aus Langeweile hinüber ins Ramses Hilton. Das Aufsuchen des dortigen Kasinos wird durch eine Ansammlung zumeist aus Osteuropa und Schwarzafrika stammender Menschen verhindert, ganz offensichtlich eine Sekte, deren Führer ein großes und opulentes Buffet im dritten Stock des Ramses Hilton ausgerichtet haben. Einen Teller genommen, die erste Regel beim Buffet-Crashing eingehalten: niemals stehenbleiben. Essen nehmen, Getränk nehmen, lächeln, Runden drehen, im Gehen essen und trinken.

Dabei erfolglos versucht, die Plastikplaketten an den Revers der Sektenmitglieder zu dechiffrieren. Sekte oder doch NGO? „Open Society“ steht da geschrieben, und „Ukraine“, „Bulgaria“, „Kenia“, „Botswana“. Es gibt Lammbällchen, Spanakopita und Chicken Satay, dazu ägyptischen Rotwein der Marke „Obelisk“. Die zweite Regel des Buffet-Crashing befolgt: nie zu lange bleiben. Noch mal von den Lammbällchen nachgenommen, dann wieder hinaus, in die Nacht, ein Peugeot-Taxi zum eigenen Hotel. Unter den Nilbrücken fahren weiße Motorboote wie Wüstenwürmer.

In der Lobby des „Hotel Flamenco“ Khaled Abbas getroffen, der eine arabische Anthologie mit dem Titel „Neue Erzählungen aus Deutschland“ herausgibt. Er ähnelt einer zugänglichen Version von Maxim Biller. Zusammen in den „Greek Club of Cairo“, zum zweiten Abendessen. Wir sprechen über Thomas Brussigs Internet-Tagebuch, das von allen mit großer Aufmerksamkeit gelesen wird, er, Brussig, ist diesjähriger Stadtschreiber von Kairo und berichtet in lockerem Plauderton von seinen Erlebnissen als Gast des Goethe-Instituts in der 16-Millionen-Stadt.

Ahmed Ibrahim und seine Frau kommen dazu, bestellen bei den griechischen Kellnern Stella-Bier und Hummus. Sie schwirren umher durch den großen Saal mit dem Stuck und den Ventilatoren an der Decke, die Kellner mit den schwarzen Fliegen und den weißen Jacketts, sie schlagen sich mit weißen Handtüchern auf ihre schwarzen Hosen, levantinische, ägäische, maltesische, libanesische Mittelmeer-Exuberanz.

Die Zeitschrift DER FREUND aus der Tasche gezogen, die Ausgabe mit Moshe Dayan auf dem Cover. Khaled erzählt, Moshe Dayan sei früher, als er klein war, das Drohgespenst ägyptischer Eltern gewesen. Wenn du nicht aufißt, kommt Moshe Dayan in seinem Panzer und holt dich. Der kleine Khaled hat immer aufgegessen.

Khaled und sein Freund Ahmed haben vor kurzem die „Sphinx Literary Agency“ gegründet, die erste panarabische Literaturagentur. Erzähle ihnen von der Zeitschrift „Bidoun“, bei der einige Freunde schreiben, ein panislamisches linkstheoretisches Hochglanzmagazin, das auch erstaunten Dänen, die so tun, als gelte es, Voltaire oder Enzensberger zu verteidigen und nicht nur einige wirklich schlechte, häßliche Zeichnungen, mitteilen könnte, daß die arabische Welt nicht nur von sandalenbefußten Terrorscheichs bevölkert ist.

Der rote Gang, der grüne Gang, die herabhängenden Drähte, diese fortgeschrittene Zerstörung der Architektur, Paris nach der Atombombe, neutronisierter Haussmann. Ich wollte schon immer hierherkommen, damals, während des ersten Golfkriegs. Als sich die Kuwaitis hier in Kairo versteckt hatten, lärmend saßen sie in den Hotels in Zamalek und warteten auf die Befreiung Kuwaits, während Khaled, wie er erzählt, als ägyptischer Offizier an der Front war, in Saudi, zusammen mit den Franzosen und den Amerikanern.

Später dann mit Julia Franck, dem jungen deutschen Schriftsteller Jan Drees, Khaled Abbas und Ahmad Ibrahim in einem Café Wasserpfeife geraucht. Das Gespräch kommt auf Messies – Menschen, die neben einem Sammelzwang das pathologische Gefühl haben, eben alles Gesammelte aufheben zu müssen, leere Joghurtbecher, alte Ausgaben von „Der Spiegel" und solche Dinge, die sie dann nach einem System ordnen, das nur ihnen bekannt ist. Julia Franck erfolglos versucht, vom wunderbaren Henry Darger zu überzeugen, auch einem Messie, einem der größten Künstler des Jahrhunderts. Darger wurde 1973 in seiner Wohnung in Chicago tot aufgefunden, inmitten seiner Sammlung von Sachen und seinem Lebenswerk, einem von ihm herrlich von Hand illustrierten 30.000-Seiten-Roman, den er nie jemand gezeigt hat. Julia Frank mitunter sympathisch gefunden.

Noch später abends, auf einem Empfang, endlich Thomas Brussig kennengelernt. Er hat schütteres Haar und spricht absichtlich, so scheint es, mit einem Ostberliner Akzent. Ihm gesagt, ich hätte Angst vor ihm. Auf die Frage, warum ich denn

Angst hätte, eher diffus geantwortet, von Dune erzählt, dem Wüstenplaneten, der Spice Melange, dem „Third Stage Navigator" und der Schmerzensschachtel der Bene-Gesserit-Schwestern. Brussig sagt, das würde ja auch keiner von Ihnen erwarten, ein Christian Kracht, der nicht betrunken ist. Das gehöre ja sozusagen dazu, das Toxologische. Oh Gott. Darauf ein Prozac genommen, das Jan Drees anbot. Kurze Zeit später angstfrei.

Mein Verleger Mohammed Hashem ist angetrunken, er trägt Hochwasserhosen, weißes Hemd, der oberste Kragenknopf ist geschlossen, drei Kugelschreiber stecken in der Brusttasche. Seine Brille wie Michael Douglas im Film „Falling Down"; an der Seite ist ein Bügel mit Heftpflaster repariert. Er erzählt der Frau von Thomas Brussig, er lasse seine Bücher ausschließlich in Mogadischu drucken, im vom Bürgerkrieg zerrütteten Somalia, so auch natürlich die Anthologie „Geschichten aus Deutschland" von Khaled Abbas. Die Frau ist verwirrt, Thomas Brussig ist verwirrt. Ich biete ihnen Prozac an.

Mit Fawzi Soliman, dem großen alten Kairoer Filmkritiker, gesprochen, ihn, nachdem er ein Faible für Hindi-Musicals offenbart, nach Nepal eingeladen, zum Besuch des Himalaja-Massivs, der tibetanischen Tempel, zum Blitzbesuch bei den Maoisten. Khaled Abbas verteilt aus einer Tüte Haribo.

Ahmed Ibrahim und seine Frau legen „Dead Can Dance" auf, eine Goth-Art-Band der achtziger Jahre, Titel wie „Spleen and Ideal" oder „Within the Realm of a Dying Sun", sie tanzen dazu in der halbdunklen Wohnung einen lange andauernden Ausdruckstanz, von einer einzigen Kerze beleuchtet. An Yousef Chahine gedacht, Altmeister des ägyptischen Kinos, der auf die Frage neulich, wie denn die Hölle aussieht, antwortet: „Mehr oder weniger wie Ägypten". Wenn irgend etwas nicht wahr ist, dann das.

DAS TAGEBUCH DER ENTSAGUNGEN

Ein Besuch in der Buchinger Klinik / 2005

Mittwoch, den 23. November

Gegen die Mittagsstunde Ankunft oben in der Klinik Buchinger. Früchtetag. Ein helles, freundliches Zimmer, lachsfarbene Bezüge, Doppelbett, nur eine Seite ist bezogen. Rosen blühen vor der Terrasse, jetzt, Ende November, im milden, verzeihenden Klima des Bodensees. Auf der Veranda gedöst, in einen Plaid gehüllt, plötzlich ist es schon vier. Wo geht hier nur die Zeit hin? Ein übergewichtiger, sehr höflicher Libanese sucht das Gespräch. Ausgewichen. Vielleicht ja morgen mit ihm sprechen, warum nicht? Morgen früh ärztliche Generaluntersuchung. Danach Wahl der Heilbehandlungen. Eventuell Eigenblut-Oxygen-Methode. Zweite Wahl: Tibetische Klangschalenmassage.

Heute nur Früchte gegessen, Papaya, Kiwi, Trauben. Herr Zipperer spielt ab 18 Uhr 30 Klavier im Salon. Abends dann vor dem Einschlafen starker Hunger. Keine Träume.

Donnerstag, den 24. November

Schlecht geschlafen.

Acht Uhr Blutdruckmessen, 120 über 80, auf die Waage stellen. 68,9 kg. Sie sind ja ein Fliegengewicht, sagt die freundliche Schwester. Und: Was sind das für blaue Flecken? Sind Sie hingefallen? Ja, ich glaube. Sie glauben? Alkoholentzug? Ja, und Zigarettenentzug. Gleichzeitig? Hmm, ja. Kein Wunder, daß Sie immer hinfallen. Heute für Sie: Nur Früchte.

Lunchsaft mit Marwan, dem Libanesen. Ob er mitkommen mag, zur Wanderung? Nein, nein, er habe keine Bergschuhe. Ich dagegen: Schal, Parka, Tweedjackett, Converse, alles dabei.

Drei Stunden strammen Fußmarsch durch die erstaunliche Hügellandschaft des Bodensees. Tiefe, mit Herbstlaub und dem ersten Schnee des Jahres bedeckte Schluchten, umgestürzte Bäume, es ist halb vier, die Sonne versinkt schnell hinter den Eichen, ein paar letzte Strahlen noch, dann ist es kalt.

Kurz vor der Klinik ein Geschäft, eine kleine Gemischtwarenhandlung. Nachsehen, ob alle vor einem sind und sich auch nicht umdrehen. Dann rasch hinein, irgend etwas, Gummibären, nein, die Packung ist zu groß, ein Hanuta, schnell. 40 cent auf den Tresen, auswickeln, hinein in den Mund damit. Dann hinaus, nachstürzen, Mund abwischen, kauen, rasch, mein Gott, schmeckt das gut. Dabei fängt das wirkliche Fasten erst morgen an, mit dem Glaubersalz.

Dummerweise statt Oygen-Eigenblut die Shiatsu-Massage gewählt: Ein Mann, Schwabe, mit Bart, Ohrringen und halblangen Haaren, legt sich auf den Körper, dabei schnauft er heftig. Es ist recht unangenehm und dauert 50 Minuten. Er heißt Herr Liefke. Nach acht Jahren Asien dies.

Danach die Abendsuppe. Die Suppe besteht aus einem Tässchen heißen Wassers, das über ein Stück Fenchel gegossen wird. Bei Marwan – dem Libanesen – am Tisch. Eine syrische Dame echauffiert sich. Marwan spricht über Hummer mit geschmolzener Butter. Biersorten. Tenderloin & Porterhouse Steak. Prinzessbohnen, kurz in Zwiebeln geschwenkt. „Damascus is cold this time of year, but it is a dry cold." Ihre Stimme ist tief, rauchig, die arabischen Diphtonge fließen wie Honig aus ihrem Mund. Eigentlich ist die Abendsuppe nur für diejenigen bestimmt, die schon fasten. Doch noch mal Papaya, Kiwi, Trauben, das ist fast nicht zu ertragen.

Abends einen 2-stündigen, recht ergiebigen Vortrag über die Grauen des Alkohols, gehalten von Dr. med Susanne Schopper-Jochum. Titel: „Zum Wohle: Bin ich nur fröhlich oder schon alkoholabhängig?"

Rasch eingeschlafen, aber unruhig.

Im Traum ein Treffen mit der SPD und der Linkspartei gehabt und bei dieser Konferenz die deutsche Wirtschaft gerettet: Vorschlag, in die geographische Mitte der Ostsee einen gigantischen schwimmenden Flughafen zu bauen, der „Hanse" heißen wird.

Dieser Zubringer- oder „Feeder“-Flughafen versorgt das Baltikum, Südskandinavien, Polen, Nord- und Ostdeutschland mit Überseeflügen – der Vorteil: Es gibt keine Start- und Landegebühren. Architekt: Rem Koolhaas/OMA. Arbeitsplätze mittelfristig: 250.000. Landebahnen: drei, als Lothringerkreuz angeordnet.

Freitag, den 25. November

7 Uhr aufstehen. Vorhänge auf. Schnee. Die Rosen sind erfroren. Im Frotteebademantel schlotternd ins Labor. Blutdruck 120 über 80. 68,4 kg Gewicht. Urinprobe. Man solle bitte auf den „Mittelstrahl“ achten.

Im Zimmer zurück, bei Betreten der Veranda plötzlich und heftig auftretendes Nasenbluten. Draußen staunend im Neuschnee stehend, bekleidet immer noch mit weißem Frotteebademantel, ein sich langsam rot verfärbendes Taschentuch vor der Nase. Kristalline Pracht des Anorganischen. Alles hat eine weiße Haube bekommen.

Im Labor dann ein Schreck – es sollen 4 große Röhrchen Blut abgenommen werden, für: CDT, SMAC, T3, T4 und TSH basal. Diagnose der gestrigen Ärztin: Schilddrüsenüberfunktion. Die Werte müssen ermittelt werden, ja, das müsse sein, ansonsten gehe man auf eigene Verantwortung ins Fasten. Die Proben werden vom Probanden abgelehnt. Man soll mich nicht auf Verdacht mit mehreren Nadeln stechen. Dennoch eine große Schachtel erhalten, mit „20H Immun G30", einem Aufbaupräparat für Menschen während der Strahlen- oder Chemotherapie oder für HIV-Kranke.

Zurück auf dem Zimmer. Das Glaubersalz wird auf einem Tablett gebracht. Ein dreiviertel Liter, der nach Meerwasser schmeckt, vielleicht eher wie das Tote Meer, aber gar nicht so schlimm. Erste Einnahme: 8 Uhr 14. Gedanken an Schneekristalle und Salzkristalle, an draußen und drinnen.

8 Uhr 21. Leichte Übelkeit. Bauchgrimmen. Das weitere Schlucken des Glaubersalzes ist nicht so einfach wie noch das erste Glas. 8 Uhr 25. Glaubersalz ausgetrunken. Leichter, chimärenhafter Toilettendrang, der sofort wieder aufhört. 8 Uhr 33. Aufstoßen. 8 Uhr 44. Immer noch nichts. 8 Uhr 50. Soll etwas mehr Glaubersalz bestellt werden? Es funktioniert anscheinend nicht richtig.

9 Uhr 04. Erster Ausschub. Blitzartig.

Ab 9 Uhr 30 recht matt einen Dokumentarfilm auf Arte angesehen, über arme Bergbauern aus Zanskar, einem Landstrich in der Nähe von Ladakh. Ab und zu flüssige Ausschübe. Draußen weichen die Schneewolken einer erst zaghaft, dann immer kräftiger und schließlich sehr selbstüberzeugt erscheinenden Wintersonne. Eine Wärmflasche wird von Schwester Lisa gebracht und unter die Füße gelegt, darauf einen Plaid gefaltet. Die Schwester, die recht hübsch ist, geht ans Fenster und kippt es leicht nach innen, um den Geruch aus dem Zimmer zu vertreiben.

Gegen die Mittagsstunde unten im Dorf, in Überlingen. Dort mit Frau Michaela Schlecht von der Fotohandlung Foto-Hahn die Modalitäten des Vorher-nachher-Bildes besprochen. Schwarzer Hintergrund. Nächsten Mittwoch das Nachher-Foto, es soll bitte genauso aussehen, nur eben in dünner. Zu schwach, um den Berg wieder anzusteigen, zur Klinik zurück. Am Kiosk ein Snickers gekauft, das ungegessen in den Kehricht neben der Bushaltestelle geworfen wird.

Der Anstieg dann doch nicht so schwer wie gedacht, schwebeartiger Zustand, Leichtigkeit der Glieder und der Knochen. Auf halbem Wege abgebrochen, dann doch mit dem Taxi zurück auf den Klinikhügel.

Tibetische Klangschalenmassage mit Dr. Lutz. Man legt sich in leichter Kleidung in ein abgedunkeltes, vom Schein einer einzigen Kristall-Lampe schwach beleuchtetes Zimmer, der Therapeut legt nun die kupfernen Schalen auf den Körper und schlägt mit einem Filzstock mal leicht, mal stark dagegen. Der Körper scheint zu vibrieren. Sofort eingeschlafen. Humbug?

Abendsuppe mit Marwan und Michael. Es gibt folgende 13 Brühen, an jedem Tag eine andere: Karotte, Fenchel, Tomate, Gurke, Zucchini, Brokkoli, Kräuter, Spinat, Rote Beete, Kürbis, Kartoffel, Bohnen und Topinambur. Letztere wird auch „Jerusalem-Artischocke“ genannt. Mit Marwan sofort einig, daß die geschmackliche Reihenfolge der Fastenbrühen lauten muß: Tomate, Gurke, Kräuter. Die anderen Suppen sind eher nicht der Rede wert.

Tiefer, tiefer Schlaf.

Im Traum ein Seminar abgehalten, auf englisch, Titel: „Max Frisch and Yukio Mishima – The Hamster in the Wheel". Die Studenten saßen im Halbkreis auf dem hellgrauen Teppichfußboden, sonderbarerweise von mir abgewandt, ich konnte nur ihre Hinterköpfe sehen.

Samstag, den 26. November

Erstaunlicherweise verschlafen. Um 10 Uhr 20 kommt Schwester Gisela in das überhitzte Zimmer, etwas wütend, Blutdruck messen, sagt sie, wiegen. Etwas mürrisch versprochen, gleich zu erscheinen. Im weißen Frotteebademantel ins Labor geschlapft. 110 über 70. Kalte Hände und Füße. 68, 2 kg.

Danach der erste Einlauf im Leben. Es wird wohl auch der letzte bleiben. Selten so erniedrigt und gedemütigt gefühlt. Eine Schwester – sie trägt einen gestärkten weißen Kittel – meint, man solle sich nicht so haben, sie mache das zwanzigmal am Tag. Man dreht sich zur Seite, eine Art Stutzen, der sich am mit Vaseline eingefetteten Ende eines Plexiglas-Tubus befindet, wird von der Schwester angesetzt. Schmerzen, da der Stutzen einige Scharten aufweist.

Später dann die durchaus erfreuliche Wanderung vom „Affenberg zum Naturata (ein großartiger biologisch-anthroposophischer Markt, komplett aus Holz gebaut von dem ungarischen Architekten Imre Makovecz) im leicht welligen, offenen Gelände über Wiesen und Felder am Engeweiher entlang und durch das stille Dörfchen Deisendorf zur Besichtigung des Weihnachtsbazars der Waldorfschule Überlingen".

Auf dem Weihnachtsbazar aus schlechtem Gewissen drei Garn-Engel gekauft, zwei winzige Wichtelmännchen aus Walnußschalen und drei prä-christliche, heidnisch anmutende Schmücklappen aus buntem Filz, die eine Russin an einem kleinen, traurig assortierten Stand anbietet. Allerorten riecht es nach Bratwurst, nach Glühwein, Spekulatius und Pizza. Der Geruchssinn ist durch das Fasten tatsächlich sehr geschärft, die verschiedenen Aromen wirken übersteigert, Fieber auslösend in ihrer Intensität. Plötzlich auftretende Einbildung, Phänomene synästhetisch wahrzunehmen. An einem Waffelstand fast ohnmächtig geworden, da es „polychrom" roch. Im Großraumtaxi zurück in die Klinik. Schöner Sonnenuntergang, blutrot.

Abends mit Dr. Scheidemandel in das Restaurant „Zur Krone" in Überlingen. Der Doktor, seit zwei Jahren an der Klinik tätig, bestellt und ißt Käsespätzle mit gerösteten Zwiebelringen, ich ein Mineralwasser mit Gas. Heftiges Verlangen nach einer Zigarette. Nicht nachgegeben. Gespräch über Vermeidungstaktiken, den Klinikalltag und die Möglichkeit, Jahre in der Buchinger-Klinik zu verbringen, ohne es zu merken.

Im Traum in einer Bibliothek gestanden, im Halbrund vor mir antike Buchregale, viel Braun, viel Messing. Ein kleines Mädchen steht auf der obersten Sprosse der Bücherleiter, ihr Hals steckt in einer Schlinge. Sie kippelt und weint. Ein Mann, der nicht weiter beschreibbar ist, ruckelt von unten an der Bücherleiter, ich schlage mit Büchern auf seine Hände, bin aber nicht stark genug, er wirft die Leiter um – und das kleine Mädchen baumelt am Strick, erhängt, tot.

Tiefschlaf.

Sonntag, den 27. November

Blutdruck: 125/80, Gewicht: 66,5 kg. Schwester Gisela ist erschrocken über diese akute Gewichtsabnahme – immerhin anderthalb Kilo seit gestrigem Wiegen – und gibt rasch und fast tröstend ein Joghurt mit, dazu eine Schale Honig.

Spaziergang mit dem Leiter der Klinik, Herrn Direktor Wilhelmi, nach Salem. Aus der Alma mater ist eine Art Disneyland geworden, Kunsthandwerk allerorten. Was zur Schulzeit dem Bub noch geheimnisvoll verfallen schien, sozusagen mit dem Firnis und dem Staub der Jahrhunderte überzogen war, ist nun lediglich eine Schulenklave, auf deren ehemals herrlichem Schloßgelände sich Kunsthandwerker eingerichtet haben, ein Geschäft reiht sich ans nächste; es werden kupferne Sonnen hergestellt, allerlei Töpferware verkauft, eiserne Kerzenständer geschmiedet, und fast wirkt es so, als sei die Schloßschule Salem dort wieder angelangt, wo sie im Grunde auch herkommt – im Kunsthistorischen, in der

Ethnographie der 20er Jahre, im Kurt-Hahn-Kitsch. Herr Direktor Wilhelmi hingegen ist ein ausgemacht sympathischer Mann, er trägt einen roten Schal, und wir laufen zusammen zur Polenlinde, die auch in dem Roman „Faserland“ eine Rolle spielt. Er raucht Zigarre, schiebt die Rauchwolken vor sich her, erklärt dies und jenes, gestikuliert dabei, als sei er Hofrat Behrens.

Brigitte Laaf-Lynch sucht das Gespräch, die Exfrau von Gunter Sachs, durch Zufall auch bekannt mit Barbara Constantinescu (Nepal). Neulich habe sie auch Dr. Nickel und seine Freundin Susan Snyder in Paris kennengelernt, auf „den Schauen“, wie sie versichert. Sie habe Rückenweh und starke Schmerzen.

Abendbrühe mit Marwan, heute Brokkoli. Wir beschließen, gemeinsam mit Lydia (aus dem Irak), Laura (aus Syrien) und Michael (aus Belfast) hinab ins Dorf zu spazieren, nach Überlingen, um dort in einer Pizzeria Früchtetee und Mineralwasser zu trinken. Marwan berichtet von seiner bevorstehenden, nun fast beendeten Doktorarbeit: „Turbulent Muses. Prinzhorn, Morgenthaler, Adolf Wölfli: Art in Psychosis“.

Zigarettenverzicht nur abends schwer, aber zu schaffen.

Im Traum alles recht diffus, ein nackter Rücken, man sieht die Wirbelsäule durch die Haut. Mückennetze, Südfrankreich, David Hamilton. Eine Melodie im Traum verfolgt: She wore a raspberry beret, the kind that you find in a second hand store, she wore a raspberry beret, and when it was hot she wouldn't wear much more.

Montag, den 28. November

Blutdruck: 130/80, Gewicht: 66,0 kg. Jeden Tag fast ein Pfund leichter. Das sind vier Quarterpounder/Cheese am Tag weniger.

Sonderbare, aber nicht unansprechende neue Körpergefühle: Der Gang federt nicht nur elastischer, sondern wirkt auch aufrechter, selbstsicherer. Die Augen sind weißer geworden, die Farbe der Iris dafür intensiver, ein ansprechendes Grüngrau. Die Hüftknochen stechen nun hervor.

Interessant, daß niemand mehr anruft. Auch seit Tagen keine Post mehr, weder als E-Mail noch als Brief. Dr. Scheidemandel meinte neulich Ähnliches. Er, der seit 2 Jahren hier oben sei, bekomme gar keine Post mehr, Anrufe auch nicht, und Besuch habe er seit über einem Jahr nicht mehr erhalten.

Dienstag, den 29. November

Blutdruck: 125/70. Gewicht 65,3 kg. Neuerlichen Einlauf doch akzeptiert.

Mittwoch, den 30. November

Blutdruck: 120/70. Gewicht 64,5 kg. Wieder fast ein Kilogramm verloren. Sehr schwach. Den ganzen Vormittag das monoton-faschistische CNN geschaut. Leberwickel erhalten. Morgen ist das Fasten vorbei.

Nachmittags nach Überlingen gelaufen, um endlich das Nachher-Foto machen zu lassen. Frau Michaela Schlecht von Foto-Hahn gelingt es leider nicht, trotz recht teuer wirkender Kamera-Ausrüstung, langjähriger Erfahrung in der „erotischen Hochzeitsfotografie mit Pfiff" und eigenem Studio im ersten Stock der Fotohandlung Hahn die Lichtverhältnisse auch nur annähernd so zu gestalten wie beim Vorher-Foto. Sinn des Ganzen sei doch gewesen, das Fasten im Fotoporträt zu dokumentieren, durch ein anschauliches, leicht verständliches Beispiel am eigenen Gesicht zu zeigen, was 5 Kilo in einer Woche abnehmen physiognomisch bewirke. Es funktioniert einfach nicht, das Nachher-Foto. Macht nichts, FRAU SCHLECHT. Das Fasten bewirkt nicht zuletzt auch fast pathologische Milde. Lächelnd den Preis von dreißig Euro bezahlt, die Fotohandlung mit leeren Händen wieder verlassen.

Abends Tee bei Professor Bernhard Huber, meinem alten Kunstlehrer. Er bewohnt ein elegantes kleines Haus in der Ortschaft Goldbach am Bodensee, viel Grün an den Wänden, Kassettendecken – seine eigenen Gemälde, die, ohne epigonal zu sein, im besten Sinne an Giuseppe Arcimboldo, Peter Paul Rubens und Fernando Botero erinnern, hängen ansprechend gerahmt umher. Gemeinsam viel gelacht. Erfreuliche Erkenntnis des Alterns: Tat Twam Asi.

Donnerstag, den 1. Dezember

Heute Fastenende. Das Experiment, wenn es denn eines war, ist vorbei. Seltsame Leere. Es ist kalt. Der Winter hat nun ernsthaft begonnen. Ein Apfelkompott wird aufs Zimmer gebracht, obenauf steckt eine einzige Haselnuß. Not with a bang, not with a whimper, but with a hazelnut.

WIE DER BOODHKH IN DIE WELT KAM UND WARUM

Ein Besuch in der Mongolei / 2003

Das Nationalgericht der Mongolen ist das Murmeltier. Als Schweizer kenne ich das kleine, fellige Brauntier recht gut – bei kindlichen Bergwanderungen oberhalb der Baumgrenze im Berner Oberland habe ich es oft mit dem verkehrt herum gehaltenen Feldstecher beobachten können, wie es in der Nähe seiner Erdhöhle stand und alles überwachte, die kurzen Pfoten vor dem Körper haltend, bei Gefahr einen lang anhaltenden, durchdringenden Pfiff zwischen seinen langen Vorderzähnen ausstoßend, um dann behende in den Unterschlupf zu rennen, zurück zu seinen Murmeltierkindern.

Neulich, Jahre später – beim Aufräumen – fand ich einen Zettel, auf dem mir jemand die Zubereitung für das mongolische Nationalgericht aufgeschrieben hatte. Ich hatte den Zettel lange vergessen, auch der Name des Gerichts war mir entfallen – als ich das mongolische Wort wieder las, kribbelte es mir unwillkürlich unter der Hirnhaut, meine Armhaare stellten sich auf, und ich sagte das Wort leise immer wieder vor mich hin, als sei es eine Beschwörung: Boodhkh. Boodhkh. Die Zubereitung selbst glich einem heidnischen Ritual, es war, als banne man dort einen sehr alten, bösen Zauber, als spräche ein einäugiger Schamane durch ein Loch im Raum-Zeit-Kontinuum zu einem. Auf dem Zettel stand:

Rezept für Boodhkh

Fangen und töten Sie ein Murmeltier. Am besten nehmen Sie dazu eine Axt und erschlagen das Murmeltier zwischen den Augen, dann schneiden Sie ihm die Kehle durch. Nun schlagen Sie den Kopf ab und hängen den Körper irgendwo auf.

Ziehen Sie mit einem scharfen Messer dem Murmeltier sehr vorsichtig das Fell ab. Machen Sie bitte hierbei keine Löcher in die Haut. Brechen Sie dem Tier die Knochen und entfernen Sie die Knochenstückchen und die Innereien aus der Hauthülle, indem Sie alles durch die Öffnung des Halses ziehen (dort, wo der Kopf fehlt). Wenn Sie alles richtig gemacht haben, liegt vor Ihnen jetzt eine Art felloser Hautsack.

Die Innereien, das Fett und das Fleisch werden nun auf einem Brett zerkleinert und – je nach Geschmack – mit viel Salz und etwas Knoblauch versehen. Dies ist Ihre Füllung. Geben Sie nun heiße Steine in den Hautsack, danach eine Schicht Füllung, danch wieder ein paar heiße Steine, immer weiter, bis der Boodhkh wieder voll ist. Schließlich können Sie noch eine halbe Flasche Wodka hineingießen, dies ist aber nicht traditionell notwendig.

Nun nähen Sie den gefüllten, heißen Hautsack oben am Hals wieder zu, indem Sie dicken Draht oder ein Kabel verwenden. Traditionell wird der fertige Boodhkh an der Flamme eines Schneidbrenners circa eine viertel Stunde lang geröstet, bis die Haut fast schwarz ist – dies ist der beste Weg, den Geschmack zu versiegeln. Der Boodhkh sollte nur heiß gegessen werden – kalt schmeckt er sehr ölig. Die heißen, fettigen Steine, die Sie zusammen mit dem Fleisch aus dem Boodhkh nehmen, sollten während des Essens in den Händen hin und her gewendet werden – dies ist sehr gut für Ihren Kreislauf.

Die Jagdsaison für Murmeltiere ist nur vom 15. Juli bis zum 15. September. Vorsicht: Das Murmeltier (sowie fast alle Nagetiere in der Mongolei, vor allem die Zieselmaus) überträgt in dieser Zeit die Beulenpest – dagegen hilft Tetracyclin, oral eingenommen, oder Streptomycin, intramuskular gespritzt. Beide Antibiotika sind in der Mongolei schwer erhältlich.

Ich beschloß, sofort in die Mongolei zu fahren. Nein, nicht sofort, ich wollte mit dem Zug fahren, langsam ins Land hineinrollen, wie vor ein paar Jahren der große Journalist Tiziano Terzani in seinem Buch „Fliegen ohne Flügel" es getan hatte. Die transsibirische Eisenbahn fuhr von Beijing nach Moskau und hielt dabei in Ulan Bataar – allein, in Beijing bekam ich keinen Platz mehr im Zug, so mußte ich fliegen.

Von oben, vom Flugzeug aus gesehen, war die Mongolei ein großes grünes Nichts. Endlose Wiesen folgten auf endlose Wiesen. Da unten war gar nichts, nur träges, saftiges Grün. Terzani hatte über die Mongolei geschrieben: „Was tut diese Monotonie dem Geist an? Wovon kann ein Volk, das in diesem gleichförmigen Universum lebt, liebt und stirbt, schon träumen – außer von Dämonen?" Vom Boodhkh, dachte ich, vom Murmeltier.

Beim langsamen Herabsinken zum Flugfeld von Ulan Bataar waren winzige weiße Pilze auszumachen. Die junge Amerikanerin, die neben mir im Flugzeug saß, erklärte mir, daß es „Ger" seien, Zelte – die allermeisten Mongolen würden in diesen runden weißen Zelten leben, sie selbst auch. Sie würde, so erzählte sie, an der Grenze zu Kasakhstan in einem kleinen Zeltdorf unterrichten. Man müsse von Ulan Bataar dreißig Stunden mit dem Bus fahren, um dorthin zu kommen. Sie trug eine schwarze Klappe über dem linken Auge und einen Jeansoverall, und sie knetete die Hände hin und her, während wir miteinander sprachen. Ihr rechtes Auge leuchtete blau und strahlend.

Sie sei Mitarbeiterin des US-amerikanischen Peace Corps, einer von John F. Kennedy erdachten, staatlichen Vereinigung junger Menschen, sagte sie, die nach dem Abitur oder dem Studium sich für zwei Jahre verpflichteten, irgendwo in der Welt wohltätige Arbeit zu verrichten, für ein kleines Gehalt. Ich dachte an die Gammler, Nörgler und Langzeitstudenten in Deutschland, schwieg und trank meinen Orangensaft aus.

Ulan Bataar selbst schien wie ein zwischen kleinen grünen Berggruppen arrangiertes, niedliches Ostberlin. Die Sonne schien, der Himmel war wolkenlos und Preußischblau gefärbt. Die Außenbezirke bestanden aus lauter dicht aneinandergestellten weißen Ger – die Straße vom Flugfeld in die Stadt führte an diesen Zeltansammlungen vorbei, dann folgten Reihen auf Reihen von Plattenbauten, ein Kohlekraftwerk, das dunkelbraunen Rauch in den Himmel schob, und schließlich die Innenstadt, die sich – hübsch anzusehen – um einen großen Platz arrangierte, den Sükhbataar-Platz. Tiziano Terzani hatte über Ulan Bataar geschrieben, es sei ihm, als sei er nun „in einer Spielzeugstadt, die ein großzügiger Vater als Zeichen seiner Liebe dem Sohn zu Weihnachten geschenkt hatte".

Er hatte recht – es gab ein paar Opernhäuser und Museen im russischen Stil der Jahrhundertwende, dreistöckige, polnisch anmutende Appartementblocks und einige postmoderne Monstrositäten aus verspiegeltem Blauglas. Die sich zurückziehende Sowjetmacht hatte Ulan Bataar, so schien es, in einem dieser Schüttelspiele für Kinder hinterlassen, in dem die Welt, sauber angeordnet, nur sich selbst in der konkaven Glaskugel reflektiert, in einem Kinderzimmer, allein, nachdem die Eltern schon zu Bett gegangen sind.

Und hier würde ich also den Boodhkh probieren können, dachte ich, während ich den Taxifahrer bat, mich an der erstbesten Gaststätte abzusetzen. „Boodhkh, Boodhkh", murmelte ich. Ich hatte nur leichtes Gepäck.

Die Gaststätte „Khan Bräu" war eigentlich ein malerischer Biergarten – an Holzbänken, wie ich sie vom Biergarten am Wiener Platz in München kenne, saßen Mongolen vor Maßkrügen schäumenden Biers und sprachen in ihrer konsonantenreichen, wohlklingenden Sprache abwechselnd in Mobiltelefone und mit ihren Tischnachbarn. Mehrere Schachteln Toffifee lagen angebrochen auf dem langen Holztisch. Ab und zu haute ein Mongole einem anderen mit der flachen Hand kräftig auf den Rücken. Die Mongolen waren sehr groß. Sie sahen alle aus wie Schwinger – Schweizer Ringkämpfer. Vögel zwitscherten in den Bäumen. Ich setzte mich dazu.

„Verzeihung, wenn ich Sie unterbreche", sagte ich auf englisch.

„No understand. You speak German?" fragte einer von ihnen. Er trug ein Mützchen, obwohl es sehr heiß war. Es stellte sich heraus, daß alle Deutsch sprachen – sie hatten in der DDR Maschinenbau studiert. Mehrere Männer formten mit ihren hoch-gereckten Händen ein Knäuel und riefen „Bruderschaft!"

und „Sozialistische Bruderschaft!“ und „Willkommen in der Mongolei!“, und dann erhoben alle ihr Bierglas. Der Mongole mit dem Mützchen schob mir ein volles zu, ich solle mittrinken.

„Was machen Sie hier in unserer schönen Mongolei? Biznez? Geschäfte?“ fragte einer der Mongolen. Er trug einen vorne offenenstehenden, schneeweißen Trainingsanzug aus Ballonseide, darunter nichts, so daß sein braungebrannter, mächtiger Bauch zu sehen war.

„Ich bin Tourist. Ich möchte gerne den Boodhkh kosten“, sagte ich.

„Den was?“

„Den Boodhkh.“

„Boodhkh?“

„Ja, den Boodhkh.“

„Aaah – Boodhkh!“ Auf ihren Gesichtern machte sich nun der Ausdruck höchster Verzückung breit; einige schmatzten, andere Männer führten zwei Finger zum Mund und leckten sie ab, der mit dem Mützchen rieb sich den Bauch.

„Der Boodhkh macht uns stark!“

„Der Boodhkh gibt Kraft!“

„Und erst die Augen!“

„Aber Sie müssen ihn vor September essen, bevor das Murmeltier Winterfett ansetzt!“

„Nein, nein! Erst im September schmeckt er richtig gut und ölig!“

„Stimmt nicht! Wenn das Fleisch zu fettig ist, wird er harzig und übelriechend!“

„Was hast du da gesagt?“ fragte der mit dem weißen Trainingsanzug.

„Sag das noch mal!“ sagte ein anderer und packte den dritten am Hals.

Sie hatten jetzt vergessen, daß ich noch da war. „Entschuldigung, ähm, stimmt das mit dem Schneidbrenner?“ fragte ich.

„Ja, genau. Das ist die richtige Bratweise. Man nimmt einen Schneidbrenner.“

„Und was ist mit der Beulenpest?“ fragte ich weiter. Die Männer lachten und winkten ab.

„Nur Memmen und Chinesen haben Angst vor der Beulenpest“, sagten sie.

„In welchem Restaurant kann ich denn nun den Boodhkh probieren?“ fragte ich. Hier im Khan-Bräu gab es nur deutsche Gerichte – auf der hübsch bemalten Speisekarte standen Curryhuhn und Schnitzel, Rahmgulasch und Kalbsbratwurst, Toast Hawaii, überbackener Camembert mit Preiselbeeren und Toffifee.

„Murmeltier können Sie nur außerhalb der Stadt bekommen, in den Gers auf dem Land“, sagte der Mongole mit dem Mützchen – er hieß Daschravdan. „Wir werden das morgen für Sie organisieren. Haben Sie schon was vor heute abend?“

„Nein, eigentlich nicht.“

„Dann kommen Sie doch mit mir ins Volksstadion, zu einem Konzert. Sie sind mein Gast.“

„Ja gerne, warum nicht. Was ist es denn für ein Konzert?“

„Heute abend tritt DJ Bobo auf.“

Und so ging ich mit meinem neuen mongolischen Freund Daschravdan zum DJ-Bobo-Konzert in Ulan Bataar.

Sehr früh am nächsten Morgen klingelte das Telefon neben meinem Hotelbett. Der Abend war sehr hart gewesen. Daschravdan hatte darauf bestanden, literweise fermentierte Pferdemilch zu trinken und zu jedem der Stücke des Schweizer Tanzkünstlers ebenfalls zu tanzen. Zu dem Konzert waren etwa achttausend Mongolen erschienen, und das begeisterte Stimmengebrüll, während DJ Bobo oben auf der Bühne seine etwas sonderbaren Stükke darbot, war ohrenbetäubend gewesen. Auf dem Wecker stand 5:45. Ich hatte Schmerzen.

„Hallo?"

„Mein Freund – hier ist Daschravdan. Kommen Sie bitte in die Lobby. Ich habe einen Wagen gemietet."

„Um diese Uhrzeit?"

„Ja, sicher, Mann. Schauen Sie mal aus dem Fenster!"

Ich legte auf, umwickelte mich mit dem Bettlaken des Hotels und trat auf den Balkon. Die Sonne stand schon hoch am Himmel – die Tage im kurzen mongolischen Sommer waren lang und brennend. Unten im Hof des Hotels stand Daschravdan vor einem auberginefarbenen Mercedes und winkte mir zu. Neben ihm stand, Pfeife rauchend, ein noch größerer Mann als er und eine sehr kleine, grimmig aussehende Frau.

„Kommen Sie, wir fahren Boodhkh essen! Na los!" rief er zu mir herauf.

Daschravdan schüttelte mir die Hand und haute mir dann so heftig auf die Schulter, daß ich fast vornüberfiel. Er stellte mir erst den Fahrer vor, der seine Pfeife an der Hacke seines linken

Armeestiefels leerschlug, und dann Frau Otgonbayer, die mich zum Boodhkh-Essen aufs Land bringen würden. Er selbst, sagte er, könne leider nicht mitkommen, es habe irgend etwas mit Stutenmilch zu tun, er verstand es selbst nicht so genau.

Die Sitze des Mercedes 190 waren mit weißen Hussen überzogen, der linke Scheinwerfer war eingetreten. Vorne saß der Fahrer – sein Name war Batta. Neben ihm saß Frau Otgonbayer, und hinten im Fond saß ich. Wir fuhren durch die Plattenbauvorstädte, die in der Morgensonne gelb und weiß leuchteten. An den Bordsteinen saßen kleine Buben, hielten ihre Nasen in Plastiktüten mit Lösungsmittel und winkten uns zu.

„Das sind die Vorstädte", sagte Frau Otgonbayer und zeigte auf die Vorstädte.

Ich versuchte einen Witz zu machen und zeigte auf die schnüffelnden Buben: „Und das sind die Früchte des Sozialismus."

„Hmm", machte Frau Otgonbayer. Sie war Angestellte des halbstaatlichen Reisebüros Juulchin und resolute Exkommunistin. Sie hatte kurze, dunkle Haare und trug eine Bifokalbrille, die sie absetzte, wenn sie nach hinten in den Fond sprach, um ihren Worten Nachdruck zu verleihen. Sie hatte während des Kommunismus Metallurgie in Ekaterinburg – dem damaligen Swerdlowsk – studiert und war nun Touristenführerin.

„Das sind wohl eher die Früchte des Kapitalismus. Früher gab es so etwas nicht", sagte sie ernst.

„Hmm", machte ich.

Wir fuhren aus der Stadt heraus, und plötzlich war um uns herum weites, offenes Land. Ziegenherden grasten am Straßenrand, am Horizont waren die Umrisse einer Kamelherde auszumachen, die gemächlich trabend hinter sanften, grünen Hügeln verschwand.

Batta, der Fahrer, stimmte ein Lied an. Aus seiner Kehle kamen merkwürdige Laute – ein hoher Ton, zeitgleich mit einem rasselnden, tieferen Ton. Frau Otgonbayer erklärte, das sei mongolisches Höömij, Kehlkopfgesang. Batta sang ein Lied über zwei Hirten, die die gleiche Frau liebten; es sei eines, meinte er, das man auf langen, monotonen Reisen singen würde, damit man nicht einnickte. Es klang wunderschön, aber sehr eintönig und hypnotisch. Ich legte meinen Finger zwischen die gerade gelesenen Seiten meiner Biographie des Baron Roman von Ungern-Sternberg und schlief ein.

Batta, der früher Panzerfahrer bei der mongolischen Armee gewesen war – „Tankist", wie er sagte –, schlief auch immer wieder ein. Der Mercedes schlingerte nach links und nach rechts, ab und zu riß er den Kopf hoch, sang für ein paar Minuten ein weiteres Kehlkopflied, dann fielen ihm die Augen wieder zu.

„Bitte seien Sie vorsichtig." Ich war plötzlich hellwach. Wir waren gerade an einer Brücke vorbeigefahren, unter der ein Jeep lag – er hatte sich überschlagen. Es schien, als wäre der Fahrer eingenickt.

„Ich tue nur so, als ob ich schlafe", sagte Batta.

„Aber warum tun Sie denn so?"

„Machen Sie sich bitte keine Sorgen", sagte Batta. „Ich war Tankist."

„Aber ein Panzer kann ja überall hinfahren, ein Auto nicht. Ein Auto kann sich überschlagen." Wir mußten Batta jetzt wach halten. Die Sonne brannte auf die grüne Steppe, wir fuhren stete achtzig, kleine Heuschrecken hopsten durch die offenen Fenster.

„Frau Otgonbayer, sagen Sie doch bitte etwas dazu", sagte ich.

„Meiner Meinung nach hassen wir die Chinesen", sagte Frau Otgonbayer und schlief wieder ein.

Batta holte aus einer Plastiktüte eine Kassette, legte sie ein, und plötzlich waren alle wieder wach – es waren die Greatest Hits von Boney M. Batta, Frau Otgonbayer und ich begannen zu singen, und so fuhren wir Kilometer um Kilometer in die unendliche mongolische Weite hinein, zusammen „Ra-ra-Rasputin", „Ma Baker", „Sunny", „Hooray! Hooray! It's a holi-holi-day!" und „Rivers of Babylon" singend. Irgend etwas an Frank Farians Welthits schien den Mongolen sehr gut zu gefallen. Ich versuchte, den beiden zu erklären, daß in Wirklichkeit Frank Farians beide Putzfrauen aus dem Saarland die ganzen Lieder gesungen hatten, nicht, und daß die ganze Band ein Fake sei, aber ich verhaspelte mich mehrmals in meinen Erklärungen, und Batta und Frau Otgonbayer winkten schließlich desinteressiert ab.

Beide aßen große Mengen Toffifee, während wir an einer Polizeisperre vorbeifuhren, die aber nur den Verkehr in die andere Richtung, zurück nach Ulan Bataar kontrollierte. Ein paar Männer in Arztkitteln mit Mundschutz standen ebenfalls an der Absperrung. Ich drehte mich nach ihnen um, aber wir waren schon zu weit weg.

„Was kontrollieren die Polizisten denn?" fragte ich.

„Ach, wahrscheinlich ist wieder irgendeine Krankheit ausgebrochen", sagte Frau Otgonbayer kauend, den Mund voller Toffifee.

Sehr viel später, es war fast Abend, erreichten wir ein Camp, eine Ansammlung von weißen Ger. Wir parkten den Mercedes davor und gingen auf die Zelte zu. Ich bekam ein großes, schönes Ger ganz für mich alleine, drinnen war es angenehm kühl. Die Ger waren aus Filz gefertigt, so daß sie im Sommer kühlten und im Winter wärmten. Ich trank eine aus Ulan Bataar mitgebrachte Diät-Cola, setzte mich vor den Eingang meines Zeltes und beobachtete, wie die Sonne langsam immer tiefer sank und die Wiesen in ein goldenes Licht getaucht wurden. Eine kleine schwarze Ziege kam herbeigewandert, und ich gab ihr Diät-Cola zu trinken und etwas Streichkäse, den ich zufälligerweise dabeihatte.

Ich dachte an die wundersamen Zusammenhänge in der Welt, daran, daß ich mitten in dieser zentralasiatischen Steppe Schweizer Streichkäse an eine mongolische Ziege verfütterte; der Käse war ja quasi von ihren Artgenossen hergestellt worden, nun schloß sich also ein großer Milchproduktekreis – alles, so schien mir plötzlich, war miteinander verwandt, engstens vertraut und schon immer Teil eines untrennbaren Ganzen gewesen, und während ich so ins Nachdenken kam, trat Batta zu meinem Zelt und fragte, ob ich nun, heute abend, den Boodhkh sehen wolle.

Er hatte einen jungen Hirten mitgebracht, der mir als Arumbalt vorgestellt wurde. Zusammen gingen wir zum Zelt von Arumbalt, und ich lernte seine Frau kennen und seinen kleinen Sohn, dem die Eltern merkwürdigerweise Mädchenkleidung angezogen hatten – eine kleine Kette mit Plastikperlen um den Hals, ein Kleidchen und Ohrclips.

Wir tranken fermentierte Stutenmilch, die leicht salzig und kohlensäurehaltig schmeckte, und aßen kleine, knusprige, sehr harte braune Brocken aus getrockneter, geronnener Dickmilch, die „Aruul" genannt wurden. Es schmeckte mir alles sehr gut.

Die Frau von Arumbalt hatte ihr Ger mit Stickereien verschönert, die Tick, Trick und Track und die Panzerknacker zeigten, es gab einen Hausaltar mit Fotos des Dalai Lama und einen großen Ofen in der Mitte des Zeltes, auf dem ein großer Bottich mit Milch vor sich hin köchelte. Der kleine Sohn krabbelte auf dem Boden des Zeltes herum und spielte Murmeln mit den Toffifee, die wir ihm mitgebracht hatten.

Wir sprachen über die Ziegenherden und über den Sommer, der dieses Jahr sehr warm war. Wir sprachen auch über den schrecklichen Winter vor zwei Jahren, bei dem viele Tiere der Herde erfroren waren, obwohl Arumbalts großer schwarzer Schäferhund die Herde zusammengehalten hatte, so gut es ging. Nachbarn kamen vorbei, steckten ihre Köpfe durch die Zeltöffnung, sagten guten Tag und gingen wieder. Draußen wieherten Arumbalts Pferde und rieben freudig ihre Flanken am Gatterzaun.

Ich hatte den Boodhkh fast vergessen, so gemütlich und heimelig war es bei Arumbalt. Unterdessen hatte Batta draußen vor dem Zelt aber irgend etwas vorbereitet, er rief uns hinaus in die anbrechende Dunkelheit. Beim schwachen Schein einer Sturmlaterne und im Licht der letzten Sonnenstrahlen hantierte er an einem Nagetier – er hatte es auf einen Holzbock gelegt und schnitt mit seinem Fahrtenmesser dem kleinen Tier den Bauch auf. Die Steppe war in orangefarbenes Licht getaucht. Es sah nicht aus wie ein Murmeltier. Ich trat näher heran, und Batta blickte auf, zwinkerte mir lächelnd zu und sagte: „Der Boodhkh ist nur ein Traum, wissen Sie, nur ein Dämon."

Und dann warf er das aufgeschnittene Tier auf die Erde.

Der große schwarze Hund von Arumbalt biß in die Zieselmaus und war glücklich. Der Hund war zottig und voller Kletten, es war ein warmer Sommerabend und die Steppe voller Mäuse, und er schob das kleine Ding mit der Schnauze vor sich her und biß immer wieder ein Stück ab, vorsichtig. Dann kamen die Schatten.

HUBBARD

Theaterstück / 2006

Personen in der Reihenfolge ihres Auftretens
(Sprechrollen)

Der Klamator
Sven
Ludwik
Günther Prophet
Carl von Siemens
Osho
Barkeeper
Mann mit Barett
Nackter Tourist
Kazimir, ein polnischer Freischärler
Wim Wenders
Gerda Prophet
Park-Hexe
Mammon, der Gott des Geldes
Bruno Kloster, ein Galerist
Horst Köhler
Alternder Transvestit

Hinweis zur Aufführung: Das Bühnenbild sollte einen streng symmetrischen Aufbau haben.

Prolog

Scheinwerfer in der Mitte der dunklen Bühne. Der Klamator – ein blonder Mann, dessen Augen mit türkisfarbenem Lidschatten geschminkt sind – gestikuliert wild und übertrieben. Er trägt ein Lederwams mit kunstvoll aufgesetzten Flicken, die künstliche Armut suggerieren sollen. An seinem Gürtel sind zahlreiche Kupfertiegel befestigt, die bei jeder Bewegung gegeneinander schellen.

KLAMATOR: Orgien! Orgien! Wir wollen Orgien!

Von rechts werden einhundert brennende Ziegen über die Bühne gejagt. Dann wieder Dunkelheit.

Bühnenlicht. Eine riesige gelbe, einem Schienenreparaturfahrzeug nicht unähnliche Maschine fährt über die Bühne. An der Seite der Maschine steht in schwarzen Lettern „Tesa". Auf der Maschine hocken einige zerlumpte Kinder, die stumm und mit großen Augen anklagend Klebstoff aus Tüten schnüffeln.

I.

Ein Wohnzimmer in Berlin-Mitte, frühmorgens. Sofa, Bücherregal, Arbeitstisch, Computer, vor dem Bücherregal eine Matratze.

Auf der Matratze liegt im Halbschlaf Ludwik. Sven kommt herein. Er trägt asymmetrische, chiastische Bart-/Haartracht.

SVEN: Hör mal.

Sven spielt unerträglich lange Minuten Tonleitern auf dem Saxophon. Er wirft das Saxophon ärgerlich aufs Bett:

SVEN: So gut wie Miles Davis werde ich wohl nie werden.

LUDWIK: Paß mal auf: Kämpfe, nichts als Kämpfe, jeden Tag aufs neu, Gewalten gegen Gewalten, täglich ohne Scheu. Waffen umkreisen die Erde, machen nirgends halt, schinden, töten, morden, machen Menschen kalt. Sinnlos all das Treiben, verwirren – bringen Not, Kinder unschuldig leiden, strecken sich hungrig nach Brot. Kämpfe, nichts als Kämpfe, jeden Tag aufs neu, Gewalten gegen Gewalten, täglich ohne Scheu.

SVEN: Und? Schon Nachricht vom „Wandler"?

LUDWIK: Gedicht abgelehnt, wie alle anderen auch schon.

SVEN: Ich habe wieder von Sylvio geträumt. Wir waren zusammen im Theater. Nach circa einer halben Stunde traten die Symptome bei Sylvio auf. Es war ein schreckliches Bild. Zuerst ein Grinsen in seinem Gesicht. Seine Glieder zitterten unaufhörlich. Er redete nur dummes Zeug, er wollte den Fernseher „zerstören", „die Bestie beschwören", „uns den Tod bringen", es war wirklich schrecklich.

LUDWIK: Wenn wir hier nicht ankommen, fahren wir nach Polen. Vielleicht ist es eine gute Idee, sich dort tätowieren zu lassen.

SVEN: Wo bekommen wir denn für Polen nur hilfreiche Ratschläge für Hotelreservierungen? Über die besten Restaurants, Partys, Tips für die besten Zahnärzte, Schönheitsoperationen, Tätowierungen, Autoreparaturen, Lackierungen, eine neue, exklusive Lederausstattung für unser Auto? Auch Immobilien könnten wir dort günstig erwerben. Wirklich einfache, Geld sparende Lösungen.

LUDWIK: Das hat keinen Zweck. Wir brauchen Inspirationen. Du warst doch gestern im Theater. Was genau passierte in dem Stück?

SVEN: Also paß auf, es war ganz dunkel, dann sah man im Dunkeln einen Baum, auf dem ein winkender Zwerg saß. Und dann kam eine riesige mechanische Ratte, die von links nach rechts über die Bühne gerannt ist, aus Pappmaché.

LUDWIK: Das ist wirklich ziemlich radikal.

SVEN: Die Leute waren sehr schockiert, und einige sind auch schon nach fünf Minuten gegangen, unter Protest. Das war schon gut.

LUDWIK: Ich glaube, wenn wir Vergleichbares schaffen wollen, müssen wir auf den Grund unserer Seele gehen.

SVEN: Ich habe hier Lycopodium. Das habe ich von einer Geistheilerin bekommen.

LUDWIK: Zeig her. Wie teuer war das?

SVEN: Guck mal, das kommt in so einer exklusiven Ledertasche – Das Lederetui des Samuel Hahnemann.

LUDWIK: Wir fangen mit der Dreiergabe an. Kann man das?

SVEN: Man kann sich sogar bis zur Zwölfergabe steigern.

LUDWIK: O.K., gib mir drei. Nein, gib mir hundert.

Sie kauen die kleinen Pillen.

SVEN: Merkst du schon was?

Ludwik legt sich umständlich und theatralisch auf den Boden.

LUDWIK: Wie bist du, Sven?

SVEN: Ich kann keinen Widerspruch ertragen und bin gleich außer mir vor Ärger. Hochmütig. Diktatorisch, ich spreche im Befehlston. Mißtrauisch, argwöhnisch, nachtragend. Abneigung gegen Unterhaltung, Abscheu vor dem Leben, Selbstmordgedanken.

LUDWIK: Ich bin schreckhaft. Ich fahre bei jedem Geräusch zusammen. Empfindlichkeit, leicht gerührt, ich weine, wenn mir gedankt wird. Zornig und ärgerlich.

SVEN: Nimm dir das mit dem „Wandler“ nicht zu sehr zu Herzen. Der „Wandler“ ist nicht der Maßstab.

LUDWIK: Ich verfolge doch das Geschehen in den Medien und halte es in Gedichten fest. Zeitkritisch und zeitlos. Und dann Absagen, immer nur Absagen.

SVEN: Auch das mit dem Hund? Mit dem „Lach“?

LUDWIK: Ja, ja. Es paßte nicht ins Konzept vom „Wandler“.

SVEN: Sag es mir noch einmal auf, bitte.

LUDWIK: Ein Hund an langer Leine, hatte dicke krumme Beine, und dazu einen kurzen Schwanz, ließ sich rufen gerne – Franz. Entgegen kam am kurzen Band, ein anderer an Fräuleins Hand, hatte große steile Ohren, war aber zu früh geboren. Plötzlich lagen sie alle flach, Umherstehende ergriff der Lach' ...

SVEN: Ja ja, da ist es.

LUDWIK: ... hatten so was noch nie gesehn, blieben entsetzt und gaffend stehn. Konnten so was nicht begreifen, Helfer kamen mit kreischend' Reifen, zur Rettung der zahlreichen Hunde, und das zur frühen Abendstunde.

Fast unerträglich langes Schweigen.

SVEN: Na ja.

LUDWIK: Wieso?

SVEN: Ludwik! Das ist alles viel zu konventionell. Wir müssen lernen, abseits der ausgetretenen Pfade zu gehen. Zynisch, kritisch, orgiastisch bunte Farbeskapaden müssen wir schaffen, Pinselpiraterie, Gedankenorkane, Hurrikane der Experimentalfreude.

LUDWIK: Du meinst, wir müssen noch radikaler werden?

II.

Dunkelheit. Während die Musik beginnt, wird es fast unmerklich heller. Ludwik und Sven liegen unter einem hypnotischen Feuerrad, sie bewegen sich mit tanzartigen Eurythmie-Bewegungen vom Bühnenboden langsam empor, immer höher werdend, bis ihr Tanz mit dem Musikstück seinen ekstatischen Höhepunkt erreicht. Das Feuerrad dreht sich gleichzeitig immer schneller.

LUDWIK: Ich erfahre gerade meinen wahren Namen. Gib mir noch mehr von dem Lycopodium.

SVEN: Hier. Mir ist so furchtbar heiß.

LUDWIK: Ja, das ist das Fieber.

SVEN *(phantasmagorierend)*: Es ist eine gute Idee, sich in Polen tätowieren zu lassen.

Osho tritt auf: lächelnd, mit gefalteten Händen, freundlich Segnungen nickend, mit einem sehr langen grauen Bart und in ein weißes Gewand gehüllt.

OSHO: Post von Osho.

SVEN: Ja.

OSHO: Dein Name sei Bibo.

LUDWIK: Und mein Name?

OSHO: Ungeduld ist die Seele des Mannes.

Achtzig gelbe Bibos strömen nun auf die Bühne, tanzen einen klassisch choreographierten Cancan. Sie tanzen mit dem gütig lächelnden Osho wieder ab.

LUDWIK: Und mein Name? Weißt du es, Sven?

SVEN: Dein Name sei Ashantanaya.

LUDWIK: Laß uns ins Far-Out gehen. Kannst du mir deine weißen Schuhe leihen?

SVEN: Welche, die geflochtenen oder die eleganten italienischen?

LUDWIK: Egal, weiß muß es sein.

SVEN: Hier, nimm. Für dich.

Beide ziehen sich nun weiße Kleidung an, Hosen, Hemden, Schuhe. Auf dem Rücken ihrer Hemden steht „Fill me up“.

LUDWIK: Wir haben ein Anliegen, wir möchten viel erklären.

Das Feuerrad wird von einem Roadie von der Bühne geschoben. Das Licht wird weiß, eine weiße Leinwand beginnt zu leuchten, weißes Neon überall. Ein paar wartende Trommler sitzen herum.

LUDWIK: Wo sind wir? Ist das jetzt das Far-Out?

CARL VON SIEMENS: Nun sind hier die Vollmondtrommeln, gemeinsam wollen wir den Mond begrüßen.

Ludwik und Sven lassen sich von einem Didgeridoo-Spieler, der zuvor spielend am Boden kauerte, kleine Trommeln geben und setzen sich zu den übrigen Jüngern, die auch mit kleinen Trommeln warten.

SVEN: Der hat es sich auch verscherzt, weil er zu spießig war, den Genius zu erkennen.

LUDWIK: Fill me up.

Auf ein Gongsignal hin beginnen nun alle, leise zu trommeln. Ein Techno-Trance-Lied beginnt, Carl von Siemens tänzelt barfuß auf die Bühne, in seinen Händen Lichtschwerter aus „Krieg der Sterne“, mit denen er einen frei interpretierten Lichtschwertertanz zeigt.

CARL VON SIEMENS: Kommt! Wirbelt! Nun kommt alle! Kommt!

Langsam bezieht Carl von Siemens alle Trommler in seinen Tanz ein, auch Ludwik und Sven tanzen mit. Als das Stück zu Ende ist, gehen die Trommler von der Bühne. Vom Tanz erschöpft, gehen Ludwik und Sven an die Bar. Die Bar ist von unten beleuchtet wie die Bar in Stanley Kubricks „The Shining“.

LUDWIK: Das war ja furchtbar. Eine traurige Vorstellung. Nicht wirklich künstlerisch, finde ich.

SVEN: Na ja, es fehlte an Substanz. Das könnten wir besser. Wir könnten Theaterautoren sein. Wir könnten das Theater revolutionieren. Und das Publikum schockieren.

LUDWIK: Und die Presse.

SVEN: Ungefähr so. Szene 1. Turban tragende Waffen-SS-Araber zwingen deutsche Bischöfe auf Knien, die Straße mit Zahnbürsten zu säubern.

LUDWIK: Das ist gut, Sven, das ist gut. Szene 2. Drei Rave-Mädchen kommen aus dem Frühklub, reißen sich die Miniröcke hoch, hocken sich auf der Mitte der Bühne hin und urinieren.

SVEN: Szene 3. Ein Neger vergewaltigt einen orthodoxen Juden im Prenzlauer Berg.

LUDWIK: Szene 4. Ein geistig behinderter Amputierter wird in einer Schubkarre auf der Bühne abgeladen und schreit dort die ganze Zeit abwechselnd nach Angela Merkel und nach seinem Hund.

LUDWIK: Weiter. Szene 5. Kindergartenkinder tanzen Ringelreihen um eine Blutfontäne und entbieten dabei den Hitlergruß.

SVEN: Szene 6. Ein Rentner sitzt onanierend auf einer Parkbank, während neben ihm einige Halbstarke Croissants zerbröseln.

LUDWIK: Szene 7. Neben mir wird einer hochschwangeren Frau die Fruchtblase aufgestochen. Zwei Männer masturbieren. Dann gebiert die Frau einen toten Vogel.

SVEN: Szene 8. Zwei Homosexuelle entführen und demütigen Socks, die Katze von Bill und Hilary Clinton. Nachdem sie die Katze vergewaltigt haben, werfen sie sie einfach weg.

LUDWIK: Szene 9. Polizisten überraschen einen Politiker, wie er sich in einem Kinderzimmer mit Windeln wickeln und sich am ganzen Körper mit Johnson & Johnsons Babypuder einpudern läßt.

SVEN: Szene 10. Am Schluß bleibt die Bühne leer bis auf einen einzigen Scheinwerfer, der einen alternden Transvestiten beleuchtet, der ein trauriges Lied singt. Auf spanisch. Der nimmt sich dann die Maske und die Schminke ab.

LUDWIK: So etwas wie eine Todesahnung. Das ist sehr künstlerisch zum Ausklang. Barmann! Haben Sie Würste, Aale oder Bananen?

SVEN: Oder U-Boot-Modelle?

BARKEEPER: Willkommen bei uns im Far-Out. Sie erhalten hier hilfreiche Ratschläge für Hotelreservierungen, über die besten Restaurants, Partys, Tips für die besten Zahnärzte, Schönheitsoperationen, Tätowierungen, Autoreparaturen, Lackierungen, eine neue, exklusive Lederausstattung für Ihr Auto. Auch Immobilien können wir günstig vermitteln. Eine wirklich einfache, Geld sparende Lösung.

SVEN: Eine richtige Sex-Klamotte.

BARKEEPER: Sind Sie neu in Berlin?

SVEN: Das spielt in Berlin?

LUDWIK: Ja.

BARKEEPER: Darf ich Ihnen das Menu reichen?

LUDWIK: Jetzt taut er langsam auf, weil wir gleich so viel bestellen, daß sich der ganze Laden nur durch uns finanzieren kann.

SVEN: Ich möchte was Süßes.

LUDWIK: Kamillentee.

SVEN: Ja.

BARKEEPER: So, einmal Karameltee.

LUDWIK: Ich nehme einfach nur ein großes Steak, ohne alles. Geht das? Ich mache nämlich gerade eine No-Carb-Diät.

BARKEEPER: Nehmen Sie doch dazu noch einen Salat mit Essig und Öl. Wenn Sie eine Low-Carb-Diät durchführen, kann der Körper das Fleisch dann noch besser verbrennen. Das ist die sogenannte Glyx-Diät.

SVEN: Die Glücksdiät.

BARKEEPER: Kennen Sie die Glyxdiät? Wenn Sie ein Stück Fleisch essen, steigt der Insulinpegel.

SVEN: Ich hatte letzte Nacht einen Traum.

LUDWIK: Einen Alptraum.

SVEN: Es war ein hohes riesiges Gebäude mit vielen Räumen. Ich mußte immer etwas machen, bevor ich reingegangen bin. Habe ein Fenster ausgehängt, immer irgend etwas manipuliert. Ich weiß nicht, ob es notwendig war, um reinzukommen oder um rauszukommen, ich habe das Fenster auch wieder eingehängt. Auf dem Fest haben sich dann ‚geschichtenweise' viele Szenen ereignet, die unabhängig voneinander waren.

Der Barkeeper verdreht die Augen und geht.

SVEN: Ich erinnere mich nur noch an wenige Szenen, weiß auch die Reihenfolge nicht mehr. Ein paar Heilpraktiker mußten eine Prüfung ablegen. Nichts Medizinisches, sie mußten Obstbäume beschneiden. Sie haben anscheinend schlechte Zensuren gekriegt. Es war da auch noch etwas mit Autos verkaufen.

LUDWIK: BMWs?

SVEN: Ja, ich erinnere mich nicht mehr genau. Die Autos waren jedenfalls weiß. Mehr weiß ich nicht.

LUDWIK: Versuche es. Du kannst es.

Sven scheint sich nun selbst in einen Trancezustand zu versetzen. Seine Augen flackern. Er beugt sich unnatürlich vor.

SVEN: Haus. Großes Haus. Versammlungshaus. Gemeinschaftshaus. Halle. Holz. Schönes Holz. Bißchen alt. Schwarzes Loch. Keller. Schacht. Deckel auf dem Keller. Kälte. Kalte Füße. Schweißfüße. Nicht stinkend. Herz. Herzsensationen. Lustig, wie mit fünfzehn Jahren. Achtzehn Jahren. Fest. Essen. Kneipe. Betrunkene. Musik. Farbe. Heilpraktiker. Geld. Viel Geld. Angst vor Dieben. Durcheinander. Chaos. Tohuwabohu. Linkes Auge. Linke Seite. Verbrechen. Es soll verdeckt werden. Vertuschung. Erwischt werden beim Geldeinklauben. Aber macht nichts. Ist nicht geahndet worden. Müde. Gut drauf. Niesen. Husten morgens. Erkältung. Fahren auf einer Seite. Der richtige Weg. Die Grenze. Verbindung zwischen Herz und Magen.

LUDWIK: Die Grenze.

III.

Ludwik und Sven schieben einen dunkelblauen Kinderwagen durch eine Berlin-Kulisse. Eine an einem Bindfaden befestigte Taube fliegt vorbei.

SVEN: Unser Nachbar in Belgien hatte haufenweise davon in der Wohnung. Widerlich, ganz dicke Dinger. Und er hat dann auch Tauben-Asthma bekommen.

LUDWIK: Die haben damals mehrere Tauben-Horste ausräuchern müssen, in Gent und in Antwerpen.

SVEN: Die Rauchsäulen waren angeblich bis Sachsen zu sehen ...

LUDWIK: ... hat sich der Intendant eigentlich bei dir gemeldet?

SVEN: Ja.

LUDWIK: Und?

SVEN: Der Intendant hat gesagt, das mit den SS-Arabern und das mit der schwangeren Frau und jede andere Idee, die wir hatten, war schon mindestens vierzig- oder achtzigmal im Theater zu sehen.

LUDWIK: In seinem Theater?

SVEN: Nein, überall und ständig, auf der ganzen Welt, in jedem einzelnen Theater.

LUDWIK: Hat er dir das persönlich gesagt?

SVEN: Nein, per SMS.

LUDWIK: Na, immerhin hat er überhaupt geantwortet.

SVEN: Eigentlich war es nur seine Assistentin.

LUDWIK: Die Frau Malchow war doch eigentlich immer ganz nett.

SVEN: Ja, aber diesmal hat sie gesagt, wir sollen uns niemals wieder bei ihnen melden.

LUDWIK: Auch nicht in drei Millionen Jahren?

SVEN: Weiß nicht. Vielleicht. Wir müssen uns dringend was Neues überlegen. Theater, das ist eine überholte und völlig überbewertete Kunstform.

LUDWIK: Hast du schon das Ranking in der neuen „Art" gelesen? Da ist aufgelistet, wer die hundert Künstler sind mit dem meisten Geld weltweit. Und weißt du, wer auf Platz eins bis zehn steht?

SVEN: Nee. Bill Gates?

LUDWIK: Nicht schlecht.

SVEN: Steven Spielberg? Rick Astley?

LUDWIK: Nein. Es sind ausschließlich Maler. Ölgemälde, Acryl, Aquarelle.

SVEN: Malerei. Malerei. Du meinst also, wir müssen Maler werden? Hmm. Aber wir haben doch überhaupt keine Ausbildung.

In diesem Moment kommen sie an dem Malbedarfsladen von Bob Ross vorbei.

LUDWIK: Kennst du eigentlich die Malschule von Bob Ross?

SVEN: Nein.

LUDWIK: Paß mal auf. Wollen wir doch mal sehen, ob Bob Ross da ist.

Sie öffnen eine Papptür.

GÜNTHER PROPHET: Guten Tag.

LUDWIK: Ich hab mal eine ganz dumme Frage.

GÜNTHER PROPHET: Nur zu.

LUDWIK: Ist Bob Ross jetzt hier?

Sven sieht sich interessiert die Gemälde an. Es sind allesamt Ölbilder von Wasserfällen, Phantasielandschaften, Tierbabys und sevillanischen Frauen, gemalt in der Spezialtechnik von Bob Ross.

SVEN: Verstehe ...

GÜNTHER PROPHET: Na, nee, Sie. Bob Ross ist schon lange tot, zweiundneunzig ist er gestorben.

SVEN: Und wer malt denn dann jetzt die ganzen Bilder?

GÜNTHER PROPHET: Meine Frau.

SVEN: Oh.

LUDWIK: Ihre Frau.

GÜNTHER PROPHET: Meine Frau hat damals mit Bob Ross studiert, in Flandern, bei der Résistance.

LUDWIK: Und was würde uns so ein, warten Sie mal – dieses hier – kosten?

GÜNTHER PROPHET: Das würde Sie jetzt sechzig Euro kosten, das da drüben zum Beispiel achtzig Euro.

LUDWIK: Moment. Mit wieviel Materialkosten müßten wir als Künstler denn da noch rechnen?

SVEN *(leise)*: Jetzt kommt's.

LUDWIK: Wie hoch ist die Provision für uns als Künstler?

GÜNTHER PROPHET: Wie meinen Sie das?

SVEN: Wieviel Gewinn?

LUDWIK: Unterm Strich.

GÜNTHER PROPHET: Für mich?

SVEN: Nein, ja. Für Sie und für uns. Und für Ihre Frau natürlich.

GÜNTHER PROPHET: Entschuldigen Sie, wir schließen jetzt, Sie müssen jetzt bitte gehen. Bitte gehen Sie jetzt.

LUDWIK: Vielen Dank, auf Wiedersehen.

SVEN: Haben Sie vielleicht eine Karte? Nein? Gut, schade, vielen Dank trotzdem. Auf Wiedersehen, Herr Prophet.

Sie verlassen durch die Papptür das Geschäft. Aus dem Kinderwagen ist leises, ersticktes Wimmern zu hören.

LUDWIK: Denkst du das gleiche, was ich denke?

SVEN: Ja, klar.

LUDWIK: Das ist so einfach, deshalb so genial.

SVEN: Ja! Wir nehmen Frau Prophet und binden sie mit Tesafilm in unserem Heizungskeller fest. Dort muß sie dann täglich sechs oder sieben Gemälde für uns anfertigen.

LUDWIK: Und diese fahren wir dann täglich in die Galerie Heu zu Bruno Kloster ...

SVEN: ... wenn die bei Galerie Heu pro Stück achtzigtausend Euro bringen, dann ist das eine Gewinnsteigerung von hundert Millionen Prozent.

LUDWIK: Nein, fünfzig Millionen Prozent, denn fünfzig Prozent bekommt ja die Galerie.

Beide schieben jetzt abwechselnd den Kinderwagen in Richtung Alexanderplatz. Dabei beugen sie sich über den Wagen, um das Tonband mit dem Wimmern zurückzuspulen.

SVEN: Du, Ludwik.

LUDWIK: Ja.

SVEN: Eigentlich ist das ja illegal. Die Frau von Günther Prophet im Keller festbinden. Das ist verboten.

LUDWIK: Was sollen wir denn sonst machen? Die Idee ist doch gut. Außerdem können wir doch gar nicht malen.

SVEN: Was ist denn mit dem Malkurs? Wir können es doch auch selbst erlernen. Es kann nicht so schwierig sein.

Hinter ihnen rennt Günther Prophet her, in ein weißes Gewand gehüllt. Sein rechtes Bein zieht er dabei stark nach.

GÜNTHER PROPHET: Halt! Wartet! Das Ende! Bringt's denn euer Fest zu Hause? Die Lebensmittelpreise sind in letzter Zeit erheblich gestiegen! Denk nur an die Kartoffeln! Und wiegt denn das pausenlose Gequatsche deines Freundes den Preis der Fonduestückchen auf, die er gerade verzehrt? Sieh es doch endlich ein: Du wirst immer betrogen, es sei denn, du gehörst zur besitzenden Klasse! Die Grenze!

LUDWIK: Halt, ganz langsam, Herr Prophet. Beruhigen Sie sich doch. Wir haben noch eine Frage: Wann fängt denn nun der Bob-Ross-Malkurs an?

GÜNTHER PROPHET: Ich sag mal – mit Vorbehalt: Ende Oktober. Der Vater der Malerin, die den Kurs anbietet, also der Vater meiner Frau, dem geht es gerade nicht gut.

SVEN: Können wir uns aber schon jetzt für Oktober auf eine Liste eintragen?

GÜNTHER PROPHET: Nein.

LUDWIK: Was kostet denn der Malkurs überhaupt?

GÜNTHER PROPHET: Vierzig Euro.

LUDWIK: Und die Materialien, Leinwand, Pinsel, Farben?

GÜNTHER PROPHET *(österreichert)*: Ist alles inkludiert.

SVEN: Und die Bilder sehen dann auch ganz genauso aus wie die Bilder von Bob Ross im Fernsehen?

GÜNTHER PROPHET: Mehr oder weniger.

LUDWIK: Und die Gemälde dürfen wir dann auch mit nach Hause nehmen, abends?

GÜNTHER PROPHET: Gewiß.

Günther Prophet wendet sich ab und rennt schreiend und stark hinkend die Neue Schönhauser Straße hinab. Beim Gehen schnellt seine Zungenspitze vipernhaft aus seinem Munde.

LUDWIK: Dann brauchen wir ja Frau Prophet gar nicht mit Tesafilm in den Keller zu binden ...

SVEN: ... Nein, weil wir malen die Bilder selbst im Malkurs, tragen sie dann zu Galerie Heu und sparen dadurch auch noch rund 30 Euro pro Gemälde.

Der Klamator mit dem Schellenkostüm tritt auf den Alexanderplatz.

KLAMATOR: Das ist doch schrecklich! Orgien! Wir wollen Orgien!

Ein Mann mit bordeauxrotem Samtbarett sitzt im Zuschauerraum und steht nun auf. Er trägt ein langes, dunkles Regencape, das ihn als Situationisten ausweist. Er trägt eine Bifokalbrille und nuckelt an einem ausgegangenen Zigarillo.

Mann mit Samtbarett: Du hast einmal „Orgien!“ vergessen.

Klamator *(irritiert, zornig)*: Orgien! Orgien! Wir wollen Orgien!

IV.

Strand an der Ostsee. Touristen liegen auf Handtüchern im gelben Sand. Eine an einem Bindfaden befestigte Möwe fliegt vorbei. Ein Eisverkäufer zieht, lärmend seine Waren preisend, einen mittelalterlich wirkenden Eisbollerwagen über die Bühne. An der Seite des Bollerwagens prangt in schwarzen Lettern das Wort „Tesa“.

Sven und Ludwik tragen gemeinsam zwischen sich einen beigen Stoffkoffer, der so schwer wirkt, als sei er mit Ziegelsteinen gefüllt. Ihre Hosen sind bis zum Knie hochgekrempelt, ihre Herbstkleidung steht in seltsamem Kontrast zu den fast nackten Touristen am Strand.

SVEN: Ist es noch weit?

LUDWIK: Da hinten, wo der Holzsteg ins Wasser geht, da ist die Grenze.

SVEN: Das sind ja mindestens noch fünfhundert Millionen Kilometer.

LUDWIK: *(Sich umdrehend)*: Schau mal, so weit sind wir schon gekommen. Wir haben schon über die Hälfte geschafft.

SVEN: Sollen wir nicht lieber umkehren?

LUDWIK: Nein, wir können jetzt nicht mehr zurück!

SVEN: Aber ...

Ein nackter Tourist mit Pfeife und Vollbart bemerkt ihr auffälliges Verhalten. Er trägt einen Hirtenstab in der Hand, an dem er unentwegt reibt.

NACKTER TOURIST: Suchen Sie etwas?

LUDWIK: Wir wollen über die Grenze.

NACKTER TOURIST: Da hinten, wo der Holzsteg ins Wasser ragt.

Der nackte Tourist beginnt, aus einem mitgebrachten Glas Honig zu trinken. Der Honig rinnt aus seinem Mund auf seinen Bauch. Er reibt sich nun den ganzen Körper mit Honig ein.

NACKTER TOURIST: Da ist die Grenze.

LUDWIG: Siehst du. Das habe ich doch gesagt.

SVEN: Sind Sie denn schon einmal über die Grenze gegangen?

Der nackte Tourist beginnt unkontrolliert zu lachen, klemmt sich seine Pfeife zwischen die Beine und dreht sich von den beiden weg, kichernd und prustend.

SVEN: Es ist viel zu gefährlich.

LUDWIK: Wir müssen es einfach probieren. Dieser Honigmann weiß nicht, wovon er spricht.

SVEN: Aber du gehst vor.

Ludwik und Sven greifen beide den beigefarbenen Koffer und stolpern zusammen Richtung Grenze. Nach einer Weile erreichen sie die Grenze. Es ist eine baufällige Absperrung. Beton. Ein Netz ist über den Strand gespannt. Ein Freischärler in Camouflage lümmelt davor herum.

SVEN: Die Grenze sieht ja aus wie ein Volleyballnetz.

LUDWIK: Da liegt ein Soldat, den fragen wir.

Kazimir grunzt.

LUDWIK: Guten Tag, sprechen Sie unsere Sprache?

KAZIMIR: Was wollen Sie hier? Sie können hier nicht durch.

SVEN: Ich wünsche mir eine junge Ärztin. Sie trägt Kajalstift. Auf meinem Nachttisch liegt ein Gedichtband. Der Winter beginnt.

Ihr ist kalt. Sie kommt abends nach Hause, ganz müde und traurig. Sie hat rote Wangen von der Kälte, ihre Nase ist rot, aber sie ist trotzdem sehr hübsch. Ich möchte sie trösten. Sie weint und geht allein in ihr Zimmer.

KAZIMIR *(zu Ludwik)*: Was ist los mit deinem Kollegen?

LUDWIK: Aber hier ist doch die Grenze.

Kazimir zeigt auf das quadratische Grenzschild, das er in diesem Moment hervorzieht und aufbaut. Auf dem Schild steht „Tesa".

KAZIMIR: Könnt ihr nicht lesen, Kollegen? Kein Durchgang. Kein.

Ludwik fängt leise an zu weinen.

KAZIMIR: Kein. Niemals. Die Grenze ist zu. Viele wollen hier herüber. Die ganze Zeit. Aber es ist verboten. So ist das Gesetz. Es gibt keine Ausnahmen. Sag dem Kollegen, er soll aufhören zu heulen.

LUDWIK *(snieft)*: Gegen solch Naturgewalten Mensch und Technik machtlos sind. Keine Mauer hat gehalten. Baum und Sträucher weggeschwemmt. Meterhohe Wellen rollten ungebremst mit hoher Energie über Städte, Dörfer, Felder, hinterließen nichts als Anarchie. Spuren der Verwüstung überall. Trauer, Hunger, Seuchen, Not. Unfassbar der Leichen Zahl. Allerorts riecht es nach Tod.

SVEN: Ludwik. Bitte beruhige dich. Wir können die Grenze nicht überschreiten. Wir wollen lieber baden. Wenn wir zurück in Berlin sind, müssen wir ausgeruht sein, um den Malkurs zu bestehen.

Ludwik steigt übertrieben theatralisch mit einem Fuß ins Wasser. Das Geräusch einer kleinen Welle aus dem Off. Er zuckt zurück.

LUDWIK: Mutter Erde, warum hast du das getan? Haben wir dich so verletzt, daß du dich gezwungen sahst, uns ins Chaos hinabzustürzen? Oder warst gar du das, Gott im Himmel? Wolltest Du ein Zeichen geben, uns an unsre Pflicht erinnern und daß als Gast wir hier nur leben?

KAZIMIR: Ubifirmen.

SVEN: Nein. Es ist aus seinem Tsunami-Zyklus.

Der Nackte Tourist kommt angerannt, seinen Hirtenstab rekkend.

Tourist, Kazimir, Sven und Ludwik im Chor, starr stehend, mit nach oben gerichteten Augen: donnernde Fluten. Menschen schreien. Dunkle Kinderaugen klagen an. Gottes Zeigefinger hebt sich.

V.

Zurück in Berlin-Mitte gehen Sven und Ludwik, Plastiktüten mit Steckern und Plugs in den Händen, am Malbedarfsladen von Bob Ross vorbei. Herbstlaub fällt von oben auf die Bühne.

LUDWIK: Es ist schon Herbst. Vielleicht ist ja jetzt Malkurs.

SVEN: Wir müssen fragen.

Sie öffnen die Papptür.

SVEN: Guten Tag, Herr Prophet.

Günther Prophet hat inzwischen schweren Astigmatismus entwickelt. Er trägt eine fettverschmierte Brille mit Dioptrien 8.

GÜNTHER PROPHET *(Schaut an den beiden vorbei)*: Guten Tag, die Herren.

SVEN: Jetzt ist ja schon Oktober.

LUDWIK: Und letztes Mal haben Sie gesagt, im Oktober fängt der Malkurs an.

SVEN: Da wollten wir uns nun einschreiben.

GÜNTHER PROPHET: Ja, ich habe nun eine Hilfskraft aus

Holland beantragt, aber wann genau die kommt, kann man nicht sagen.

SVEN: Ihre Frau ist in Holland?

GÜNTHER PROPHET: Ha ha, nein nein. Meine Frau muß sich um ihren schwerkranken Vater kümmern, sie ist fast jeden Tag in der Charité.

SVEN: Das tut uns leid. Es ist hoffentlich nichts Ernstes.

LUDWIK: Aber wenn Ihre Hilfskraft da ist, sind wir die ersten auf der Liste.

SVEN: Nicht, daß Sie uns vergessen.

GÜNTHER PROPHET: Schauen Sie einfach immer mal wieder rein. Es kann sein, daß der Malkurs sofort ausgebucht ist.

LUDWIK: Aber wir waren doch nun schon über vierzigmal bei Ihnen.

GÜNTHER PROPHET: Na gut, dann rufen Sie mich zwischendurch immer mal wieder an – meine Nummer haben Sie ja.

SVEN: Über vierzigmal!

LUDWIK: Sagen Sie mal, Herr Prophet – Ihre Frau ist doch in der Charité ...

SVEN: In welchem Zimmer genau ist denn Ihre Frau dort eigentlich?

GÜNTHER PROPHET: Zimmer 140, Ontologie. Wieso interessiert Sie denn das so dringend? Wollen Sie sie etwa entführen? Ha ha! Kennen Sie das, wenn beide Zehen links und rechts in den Ohren stecken und wenn man dann an den Füßen zieht, macht es plopp? Ungefähr so: plopp!

SVEN *(übertrieben laut)*: Ludwik, das hat keinen Zweck, wir kommen wohl nicht in den Malkurs.

Ludwik sieht durch das Fenster, wie Wim Wenders in ein Mobiltelefon schreit. Wim Wenders trägt einen hellbeigen Anzug und geht nun schnellen Schrittes zum Goethe-Institut in der Neuen Schönhauser Straße.

LUDWIK: Da ist Wim Wenders. Schnell!

SVEN: Auf Wiedersehen, Herr Prophet.

Günther Prophets spitze Zunge schnellt vipernartig zum Gruße aus dem Mund.

GÜNTHER PROPHET: Plopp! Plopp! Und daß Sie mir ja nicht meine Frau entführen!

Die Papptür hinter sich zuschlagend, rennen Sven und Ludwik hinter Wim Wenders her, der in der Toreinfahrt des Goethe-Institutes verschwunden ist. Um ein Haar werden sie dabei von einem Lastwagen touchiert, an dessen Seite in großen Lettern „TESA“ prangt.

SVEN: Oh Gott.

LUDWIK: Schnell!

In der Toreinfahrt stoßen sie fast mit Wim Wenders zusammen, der an einer Fahrstuhltür lehnt. Eine Wendeltreppe führt nach oben. Sie entschuldigen sich und laufen ziellos und verwirrt die Stufen der Wendeltreppe hinauf. Wim Wenders betritt den Fahrstuhl.

LUDWIK: Welchen Knopf hat er gedrückt?

SVEN: Warte, geh schon mal vor. Ich zähle.

Die Bühne wird dunkel. Große rote Digitalzahlen schalten immer höher.

SVEN: Eins.

LUDWIK: Erster Stock?

SVEN: Eins!

LUDWIK: Jetzt die zwei!

SVEN: Zwei. Drei. Vier. Der vierte! Vierter Stock, Ludwik!

LUDWIK: Komm schnell!

Beide rennen ein Treppengerüst hoch, in den vierten Stock. Oben angekommen, fällt gerade die Tür ins Schloß, hinter der Wim Wenders verschwunden ist.

LUDWIK: Mist. Und jetzt?

SVEN: Warte mal, da sind Schilder. „Klingel auf der anderen Seite neben dem Licht!"

LUDWIK: Und an der anderen Tür steht: „Bitte klopfen! Wenn nicht geöffnet wird, bitte gegenüber klingeln! Danke!"

SVEN: Und jetzt?

Die erste Tür öffnet sich. Eine junge Frau schaut durch den Türspalt.

JUNGE FRAU: Kann ich Ihnen helfen? Was machen Sie hier?

SVEN: Wir machen eine Werkschau.

JUNGE FRAU: Wie bitte?

LUDWIK: Nur eine Werkschau.

JUNGE FRAU: Moment mal. Sind Sie nicht Ludwik und Sven?

SVEN: Ja, wir sind es.

JUNGE FRAU: Weil ich habe Sie beide vor sieben Jahren auf dem Göttinger Literaturherbst gesehen.

Hinter der Tür sind laute Schreie zu hören.

LUDWIK: Was machen Sie denn da drinnen mit Wim Wenders?

JUNGE FRAU: Ja, der ist hier. Das ist sein Büro.

SVEN: Oh.

Eine brennende Ziege schlüpft durch den Türspalt an der jungen Frau vorbei. Die junge Frau springt hinterher und zerrt die Ziege an einem Kälberstrick zurück ins Büro. Weitere Schreie.

LUDWIK: Es ist wohl besser, wir gehen jetzt.

SVEN *(leise)*: Sollen wir nicht lieber die Polizei rufen?

LUDWIK: Die Ubifirmen? Sie sind schon da.

Ebenerdig findet nun ein lautloses japanisches Polizeiballett statt. Es sind zehn Polizisten in dunkelblauen Uniformen mit großen weißen Banderolen, die X-förmig um den Körper gebunden sind. Auf dem Kopf tragen sie halbrunde Globen, die innen beleuchtet sind. Sie bilden nach und nach Menschenpyramiden.

(Polizeiballett unter Verwendung einer Komposition / Choreographie von Ekkehard Ehlers.)

SVEN: Die Weltpolizei, die mal wieder nichts tut.

LUDWIK: Die wieder mal wegsieht.

SVEN: Ja, anstatt die Telefonie-Läden anzuzapfen, in denen jeden Tag 300.000 Tonnen umgeschlagen werden, werden hier Gelder verpraßt, für Ballett und Gaukeley.

SVEN: Die Polizei führt ein Ballett auf und ist abgelenkt. Der Moment ist günstig, in die Charité zu gehen.

LUDWIK: Zimmer 140, Ontologie.

VI.

Sven zieht unter großer Anstrengung einen Hometrainer durch die Kellertür. Ludwik sitzt auf einem Stuhl und versucht, der völlig entkräfteten Frau Prophet Cola durch einen Schlauch mit Trichter einzuflößen. Gerda Prophet ist mit Tesafilm auf einen Malhocker gefesselt. Vor ihr steht eine Staffelei mit einer angefangenen Bob-Ross-Phantasielandschaft. Im Hintergrund zahlreiche fertige Gemälde.

SVEN *(schnaufend)*: Gott, ist das schwer. Hilf mal.

LUDWIK: Was soll denn das?

SVEN: Das ist ein Hometrainer. Auf den schnallen wir jetzt Frau Prophet, damit ihre Muskeln nicht abschwellen. Hat sie heute schon Salz gegessen?

LUDWIK: Das hast du doch letzte Woche schon verboten. Du hast gesagt, nur Cola und Kaffee.

GERDA PROPHET: Nur eine kleine Brezel, bitte! Um Gottes willen, ich flehe Sie an!

Sven holt eine Brezel aus der Hosentasche, schabt mit den Fingern das Grobsalz ab und hält es Frau Prophet hin.

SVEN: Hier, Mineralien. Das muß reichen.

GERDA PROPHET: Ich habe solch furchtbaren Hunger!

LUDWIK: Gib ihr doch ein Stück Brezel. Sonst klappt sie uns noch zusammen.

SVEN: Nein. Keine Nahrung. Nur Salz. Sie muß wach bleiben und rund um die Uhr für uns malen. Frischer Kaffee muß her!

Sie muß an die Grenzen gehen, wie wirkliche Künstler es tun. Los, kommen Sie!

Sven zieht Frau Prophet auf den Hometrainer, bindet sie mit mehr Tesa fest und schaltet das Gerät ein. Die Pedale drehen sich zu schnell und schleudern die Beine und Arme der festgebundenen Frau umher.

GERDA PROPHET: Bitte nicht! Hören Sie auf! Ich male ja schon weiter!

SVEN: Ihre Muskeln werden atrophieren. Das wollen wir verhindern.

Er nimmt eine Rolle Tesa und klebt ihr den Mund zu.

GERDA PROPHET: Mmmh-mmh-mmmh!

Nach ein paar Minuten schaltet Sven das Gerät ab. Gerda Prophet ist ohnmächtig geworden.

SVEN: So, Muskeltraining vorbei. Kleine Verschnaufpause, was?

LUDWIK: Das können wir uns jetzt aber gar nicht leisten. Übermorgen kommt doch der Galerist Kloster zum Atelierbesuch. Da müssen dann schon ein paar mehr Bilder da sein.

SVEN: Wenn der Bruno Kloster kommt, dann stellen wir die Bilder schön auf und verstecken Frau Prophet hinter dem Kellerregal.

LUDWIK: Damit er sie nicht sieht.

Sven schleift Frau Prophet vom Hometrainer zurück zum Malhocker.

SVEN: Aufwachen! Frau Prophet! Ludwik, hol mal die Colaflasche und die Zahnstocher.

Ludwik piekst Frau Prophet mit den Zahnstochern.

LUDWIK: Frau Prophet, kommen Sie, bitte wachen Sie auf! Sie müssen uns noch mehr Bilder malen, Sie hören doch, was der Sven sagt, sonst kommen Sie doch nie wieder frei!

GERDA PROPHET: Mmhh-mmmh.

LUDWIK: Warten Sie. Vielleicht kriegen wir Sie so wieder auf die Beine. Das tut jetzt gleich ein bißchen weh ...

Ludwik reißt an dem Tesaband, mit dem ihr rechter Arm verklebt ist. Es schmerzt.

LUDWIK: So. Das weckt die Lebensgeister, was?

GERDA PROPHET: Mmmh! Mmmhh-mmhh!

Ludwik gibt ihr einen Pinsel in die Hand und dreht den Malhocker Richtung Staffelei.

SVEN *(ärgerlich)*: Jetzt malen Sie endlich! Ich will heute noch ein Alpenpanorama sehen, und einen Wasserfall!

LUDWIK: Und eine gewundene Straße, die durch einen Kiefernhain führt.

Frau Prophet stippt den Pinsel auf die Spezialpalette von Bob Ross, dann fällt ihr der Pinsel aus der Hand.

SVEN *(schreit)*: Das gibt es doch nicht! Ludwik! Mehr Cola! Und wenn das auch nicht hilft, dann müssen wir wieder einen Einlauf setzen. Das wollen wir doch nicht, oder?

GERDA PROPHET *(schüttelt müde mit dem Kopf)*: Mmmh! Mmmhh-mmhh!

LUDWIK: Zwingen Sie mich nicht, den Pinsel an Ihre Hand festzubinden.

SVEN: Das wäre dann wirklich Ihre Schuld! Auf Ihre Verantwortung, Frau Prophet! Ludwik!

Ludwik befestigt den Pinsel mit Tesafilm an ihr Handgelenk.

SVEN: Ludwik, sieh zu, daß sie die Tupftechnik für die Baumkronen sorgfältig umsetzt. Die Spezialtupf- und -drehbewegung ist sehr wichtig. Sie wollen doch wieder freikommen, oder?

LUDWIK: So ist's gut. Geht doch. Auf und nieder, rechts und links. Und da dann eine kleine Holzfällerhütte in der Ferne, am Horizont, so.

SVEN: Sehr schön. Sehr schön. In zwei Stunden sind wir wieder da, nun ruhen Sie sich etwas aus. Ludwik, fessel sie auf dem Rükken. Damit Sie sich nichts antun, Frau Prophet.

LUDWIK: Und damit Sie nicht ersticken, machen wir Ihnen nun das Mund-Tesaband ab. Wir sind ja schließlich keine Unmenschen.

Ludwik fesselt ihre Hände und reißt dann mit einem schmerzenden Ratsch das Klebeband von ihren Lippen.

GERDA PROPHET: Wasser. Wasser.

Ludwik und Sven stellen ihr eine Schale mit Cola auf den Boden, aus der sie gierig wie eine durstige Katze trinkt. Die beiden gehen und verschließen die Kellertür.

SVEN *(off)*: Wir gehen in den Park. Wir haben zu arbeiten.

Die gefesselte Frau Prophet zieht sich mühsam und unter Qualen am Malhocker empor. Mit den Zähnen greift sie sich eine neue Leinwand, stellt sie auf die Staffelei, nimmt unter großen Anstrengungen mit den Zähnen einen Pinselquast in den Mund, tunkt ihn in eine Farbschale und spritzt mit wilden Kopfbewegungen die Leinwand voll Farbe: blau, rot und gelb.

VII.

Ludwik und Sven planen den bevorstehenden Besuch des Galeristen. Beide liegen auf dem Rücken auf einem Frotteehandtuch im Park, im Munde einen Rispelhalm. Übertriebenes Vogelgezwitscher vom Band.

SVEN: Die Lerchen fliegen tief. Ein Unwetter kündigt sich an.

LUDWIK: Ich habe mit der Galerie-Sekretärin gesprochen: Bruno Kloster möchte mindestens 30 großformatige Bilder sehen. Landschaften, Porträts von Prominenten, Stilleben. Fröhliche Farben, keine Grautöne. Die Galerie hat viele Kunden aus Miami, die haben bunte Art-Deco-Häuser, die können keine Depressionsbilder gebrauchen. Frau Prophet muß also Tag und Nacht arbeiten, das heißt, sie braucht nun doch unbedingt gutes Essen und noch viel mehr Cola.

SVEN *(sich umsehend)*: Das ist alles im Herbst gemacht. Der Park ist überhaupt nicht grün, eher so ein Braun.

LUDWIK: Das sind Archivbilder. Hunderte von Millionen.

SVEN: Dahinten. Sieh mal.

LUDWIK: Was ist das denn?

SVEN: Bestimmt so ein SS-Goldschatz, den noch keiner außer uns entdeckt hat. Und schau mal dort!

In einiger Entfernung steht eine alte nackte Park-Hexe von ihrem mitgebrachten Bettlaken auf und zieht sich umständlich an, so daß man ihr dabei in den Schritt sehen kann.

LUDWIK: Oh ja, da geht eine ganz einsame Klavierschülerin.

SVEN: Nein, nicht die. Ich meine die Park-Hexe.

Es beginnt zu regnen. Sven und Ludwik halten sich das Frotteetuch über den Kopf. Die Park-Hexe sammelt ihre Siebensachen in einen Bastkorb und hinkt, dabei heftig gestikulierend und schniefend, durch den Regen. Sie bleibt direkt vor Sven und Ludwik stehen, die aber nicht bemerken, daß sie schon bei ihnen steht. Sie sieht nach oben, in den Himmel.

PARK-HEXE: He he he. Wenn es regnet, dann rennen die Menschen eilig nach Hause!

SVEN *(unter dem Handtuch hervorlugend)*: Wie bitte?

PARK-HEXE: He he he. Wenn es regnet, dann rennen die Menschen eilig nach Hause!

Hinter ihrem Kopf fährt ein riesiger Blitz mit direkt darauf folgendem Donner herab.

PARK-HEXE: Biene, Biertisch, Bildschirm, Birne, Bisamratte, Blasinstrument, Blau, Blindheit, Blitz.

Ludwik fängt an zu weinen.

SVEN: Ludwik, hör mal zu, wenn alles gut läuft, dann machen wir irgendwann sogar eine Ausstellung in New York. Big Apple ist ständig auf Speed. Irgendwas passiert immer, alles geht extrem schnell, alles ist in Bewegung. Big Apple macht süchtig.

PARK-HEXE: Entweder man liebt diese Stadt oder man haßt sie, dazwischen gibt es nichts. Paddelboot, Panther, Pantoffel, Papier, Papaya, Partner, Passagierschiff.

SVEN: Wir müssen Frau Prophet genauer beschreiben, was sie jetzt noch für Bilder malen soll. Am besten, wir geben ihr eine Liste mit unseren Motivwünschen.

LUDWIK *(sniefend)*: Okay. Paß auf. Bild eins. Ein nackter Fuß steht auf grünem Gras. Auf dem Fuß sitzt ein Stoffhase, der teilweise geflickt ist.

SVEN: Gut. Sehr gut. Bild zwei. Ein Teller auf einem Holztisch. Auf dem Teller ein Spiegelei, Bacon, Bohnen. Von links und rechts ragen Messer und Gabel ins Bild.

LUDWIK: Bild drei. Eine Toilettenschüssel, von oben gesehen. In der Toilettenschüssel befindet sich ein Fußballtor.

SVEN: Bild vier. Eine arme schwarze Frau ist in der New Yorker U-Bahn eingenickt.

LUDWIK: Bild fünf. Drei Männer auf einem Bollerwagen lassen sich von einem ausgemergelten weißen Hund über eine Wiese ziehen.

SVEN: Bild sechs. Ein Kasperle lugt hämisch lachend aus einer Zündholzschachtel hervor. Vor der Schachtel liegen vier große Knöpfe.

LUDWIK: Bild sieben. Vor einem in der Luft schwebenden Stonehenge-Rondell kniet eine weinende nackte Frau mit Adlerflügeln. Ihr Gesicht verbirgt sie in ihren Händen.

SVEN: Bild acht. In einem alten aufgeklappten Nostalgie-Lederkoffer liegen sechs antike Wecker, eingewickelt in zerknitterte Ausgaben der „Zeit".

LUDWIK: Bild neun. Eine barbusige Afrikanerin trinkt ein Glas Rotwein und prostet lächelnd dem Betrachter zu.

SVEN: Bild zehn, das zentrale Bild der Werkschau, über den Eingang gehängt, so daß alle, die die Galerie betreten, nicht an diesem Bild vorbeisehen können: ein Buch. Ein schwarzer Stein ist auf der Vorderseite dieses Buches eingenäht. Ansonsten ist dieses Tagebuch völlig eben und hat kein eingeprägtes Muster. An allen Seiten ist der Ledereinband sorgfältig mit einer Lederschnur bestickt. Die Blätter sind handgeschöpft und bestehen aus Naturfaser. Daher sind sie besonders saugfähig und weisen teilweise gelbe Blüten auf. Zugebunden wird das Buch mit einer Lederschnur. Es ist das Buch des Lebens und des Sterbens.

LUDWIK *(sniefend)*: Aber wenn die Leute merken, daß gar nicht wir die Bilder gemalt haben, sondern Frau Prophet ...

SVEN: Ruhig Blut. Niemand wird davon erfahren, weil wir niemandem davon erzählen. Aber am sichersten wäre es, wenn wir jetzt Frau Prophet für immer zum Schweigen bringen. Und zwar folgendermaßen: Nachdem wir sie losgebunden haben, locken wir sie mit einer List erst auf die Straße und dann in einen anderen Keller, den wir dann zumauern, ohne Luftlöcher und ohne Schallöcher, damit keiner ihre furchtbaren Todesschreie hören kann.

LUDWIK: Und wer malt dann unsere Bilder?

SVEN: Danach machen wir eben Fotografie. So am Computer verfremdet, wie Warhol, nur in Schwarzweiß.

LUDWIK: Ich weiß nicht.

SVEN: Na, dann drehen wir eben Homo-Streifen. Paß auf: „Zwei Sprayer, auf frischer Tat ertappt". Doch Jan und Tom werden von den beiden Soldaten, die richtig sexy proletig und gar nicht peinlich sind, eben nicht verprügelt, sondern degradiert.

LUDWIK: Ja, gut. Oder so was in der Art: „Fitneß-Polizei. Zu spät zum Jogging erschienen – Hose runter."

SVEN: Irgendwie wird es immer dunkler. Es ist doch erst zwei Uhr nachmittags.

Es regnet nun immer stärker, die beiden halten sich das Frotteehandtuch über die Köpfe. Es wird immer dunkler und beginnt zu donnern.

PARK-HEXE: Bad, Bahnhof, Ball, Banane, Banknoten, Barcelona.

SVEN: Mir ist, als wären wir an einem unsichtbaren, langen Band an die Park-Hexe gefesselt, und man kann gar nichts anderes tun, als ihr zuzuhören.

LUDWIK: Sven, ich habe furchtbare Angst.

PARK-HEXE: Galle, Gambia, Gambrinus, Ganove, Garfield, Gasalarm, Ganglionen, Ganymed, Gaumenspalte.

Es donnert. Blitze zucken über die Bühne.

SVEN: Oh nein! Laß uns nach Hause laufen!

LUDWIK: Ich kann mich nicht mehr bewegen! Mein ganzer Körper fühlt sich taub an!

Auf der Bühne erscheint nun Mammon, der Gott des Geldes. Sein Gesicht ist ein Vogeldämon, er ist umschwirrt von einem Bienenschwarm, seine Hände sind lange Krallen.

PARK-HEXE: He he he. Wenn es regnet, dann rennen die Menschen eilig nach Hause. Außer denen, die sich nicht mehr bewegen können!

MAMMON: Drei mal sieben sind einundzwanzig! Achtzehn und vier sind zweiundzwanzig!

Es donnert. Mammons Bienen summen.

PARK-HEXE: Madagaskar, Madenwurm, Madrigal, Magdalena, Madrid, Magersucht, Magnesium, Mammon, Mammon!

Sven und Ludwik klammern sich schreiend aneinander fest.

MAMMON: Siebzehn und sechs sind dreiundzwanzig! Vier mal sechs sind vierundzwanzig!

PARK-HEXE: Hörst du Stimmen in der Höhe? In der Ferne? In der Nähe? Ja, den ganzen Berg entlang – strömt ein wütender Zaubergesang.

Sven und Ludwik wimmern und bibbern. Aus dem Dunkel hinter der Bühne erscheint Frau Prophet in einem weißen Gewand, hell und heilig angestrahlt. Ihre Hände sind mit Farbe beschmiert.

GERDA PROPHET: Dein bin ich, Vater! Rette mich!

Zwei Engel an Drahtseilen schweben von oben herab, greifen sich sanft Frau Prophet und heben sie mit sich nach oben. Der Mammon und die Park-Hexe verschwinden in Rauchschwaden, es wird dunkel, ein letztes Donnergrollen ist noch zu hören.

VIII.

Ludwik und Sven reinigen den Keller mit Wischmops. Der leblose Körper von Gerda Prophet wird hinter das Regal geschleift. Die zehn Bilder, die sie bespritzt hat, werden achtlos in die Ecke gestellt, die Phantasielandschaften in Bob-Ross-Technik hingegen werden sorgsam und kunstvoll für den anstehenden Galeristenbesuch arrangiert.

Es klopft an die Kellertür.

LUDWIK: Das ist der Herr Kloster, der Galerist, der Galerist! Schnell, das Bild mit dem Sonnenuntergang vor Helgoland! Es muß andersherum hängen!

SVEN: Hast du den Umschlag parat?

LUDWIK: Ja ja, schnell, öffne die Tür!

SVEN: Guten Tag, Herr Dr. Kloster. Wie war der Flug?

BRUNO KLOSTER: Hübsch haben Sie es hier. Ich war ja vorgestern noch in Miami, da herrscht eine Temperatur, sage ich Ihnen, der Kunstmarkt explodiert. Hoffen wir mal, daß die Blase nicht platzt.

LUDWIK: Das kann nicht in unserem Interesse sein.

SVEN: Ich hörte, dieses Jahr sind die Kunden in Miami versessen auf Buntes.

LUDWIK: Orgiastische Farbeskapaden sind „en vogue".

BRUNO KLOSTER: Haben Sie Bullrichsalz? Mir ist ganz schlecht von dem Hirschragout gestern abend bei Kervorkian.

SVEN: Ludwik, sieh mal nach im Regal.

Ludwik geht zum Regal, um das Bullrichsalz zu holen. Ein Fuß von Frau Prophet ist durch die Leichenstarre nach vorne gerutscht. Ludwik tritt den Fuß hinter das Regal zurück.

LUDWIK: Bullrichsalz, Bullrichsalz ...

SVEN: Schön, daß Sie Zeit gefunden haben, uns zu besuchen. Darf ich?

Bruno Kloster nimmt den Umschlag und steckt ihn wortlos in sein Sakko.

SVEN: Wir haben etwas Besonderes für Sie. Farbenfrohe Landschaften.

BRUNO KLOSTER: Lassen Sie, lassen Sie. Ich schau mir das selbst in Ruhe an.

Die Brille auf- und absetzend, inspiziert Bruno Kloster mit zusammengekniffenen Augen die offerierten, im Stile von Bob Ross gemalten Gemälde. Nach einer halben Minute ist er durch.

BRUNO KLOSTER: Tja, meine Herren, tut mir leid, da kann ich nichts für Sie tun. Ich würde sogar sagen, da kann niemand etwas für Sie tun.

LUDWIK: Aber wieso denn?

BRUNO KLOSTER: Dergleichen habe ich in meiner langen Karriere noch nie gesehen. Außer vielleicht bei diesem Fernsehmaler, wie heißt er noch? John Ross?

SVEN: Bob.

LUDWIK: Bob Ross.

BRUNO KLOSTER: Ich würde Ihnen dringend empfehlen, das Metier zu wechseln. Theater oder Dichtkunst oder so.

LUDWIK *(verzweifelt)*: Das haben wir doch alles schon probiert. Aber eigentlich ist doch unser einziger Wunsch, Maler zu sein! Maler möchten wir sein!

SVEN: Wir sind Kunstmaler! So lassen wir nicht mit uns verfahren! Haben Sie sich wirklich alle Bilder angesehen?

BRUNO KLOSTER *(österreichert)*: Geh bitte, lassen Sie mich in Ruhe mit Ihren Banalitäten. Haben Sie eine Toilette?

LUDWIK *(resigniert)*: Ja, bitte dahinten, gleich neben dem Regal.

Bruno Kloster bleibt beim Regal stehen und sieht aus dem Augenwinkel den Stapel mit den Spritzgemälden von Frau Prophet. Ganz langsam nimmt er die Brille ab.

BRUNO KLOSTER: Moment mal ...

SVEN *(flüstert)*: Idiot. Warum hast du das Zeug nicht weg...

Bruno Kloster nimmt sich das oberste Bild, hält es prüfend von sich weg, setzt die Brille auf und ab, stellt es vorsichtig an die Wand, tritt ein paar Schritte zurück, dann wieder nach vorn. Dann nimmt er das nächste Spritzgemälde vom Stapel und setzt es vorsichtig neben das erste.

BRUNO KLOSTER: Warum haben Sie mir die nicht gleich gezeigt?

SVEN: Och, das sind ältere Sachen, vom letzten Jahr ...

BRUNO KLOSTER: Dieser Farbauftrag. Diese Energie. Es ist ein ... ein Sterben darin, und eine Auferstehung. Reine Energie. Licht. Und gleichzeitig eine herrliche Ratio: die Reduktion auf die drei Grundfarben, sehen Sie?

LUDWIK: Rot, gelb und blau.

BRUNO KLOSTER: Genau. Solche Intensität ist ganz, ganz selten. Vergleichbares habe ich nur in den Sterbebildern von Mark Rothko gesehen. Oder bei Cy Twombly. Manchmal ist es nur die Intention, die Andeutung einer Linie, der Hauch einer Idee, die Aufhebung der Hand. Pollock ... herrlich.

SVEN: Die kosten, die kosten ... ähm ... achtzigtausend Euro!

BRUNO KLOSTER: Achtzigtausend, achtzigtausend ... Aber das ist es mir wert, ja, das ist es mir wert. Das sind zehn Bilder, also zusammen achthunderttausend.

SVEN: Wie bitte? ... Ach so, natürlich, alle zusammen dann natürlich achthunderttausend, ja ja.

BRUNO KLOSTER: Ausgezeichnete Arbeiten, ich werde gleich mal Burkhard anrufen, wir müssen da ganz schnell was machen ...

LUDWIK: Wir wünschen eine Ausstellung in Ihrer Galerie anläßlich der Kunstmesse! Da muß es dann gratis Kaviar und Schnaps geben.

SVEN: Und wir wollen im Adlon residieren!

LUDWIK: Und gratis Champagner!

BRUNO KLOSTER: Aber meine Herren, erledigt, erledigt. Eine ganze Kiste Champagner. Zwei. Ihre Gemälde werden nächste Woche bei uns ausgestellt. Das wird die wichtigste Eröffnung des Jahres. Jetzt verstehe ich auch Ihre geniale Taktik.

LUDWIK: Wieso?

BRUNO KLOSTER: Sie wollten mich mit den Bob-Ross-Bildern auf den Arm nehmen, mich testen, ob ich es überhaupt wert bin, Sie zu vertreten. Ja, Sie wollten mein Urteil testen.

SVEN: Ja, genau.

BRUNO KLOSTER: Und ich hoffe, ich habe den Test bestanden. Wie heißen Sie noch gleich? Ludwik und Sven. Das klingt gut.

Er breitet vor sich mit den Armen eine imaginäre Leuchtbanderole aus.

BRUNO KLOSTER: Das Künstlerduo Ludwik und Sven! Perfekt.

LUDWIK: Und fünfzig Prozent der Einnahmen bekommen wir! Das ist doch so! Die Einnahmen werden geteilt!

BRUNO KLOSTER: Natürlich, natürlich, keine Bange, meine Herren. Fünfzig Prozent ist bei uns Usus. Und wenn ich Sie noch um einen Gefallen bitten darf: Nächsten Monat ist dann ja schon die „Frieze“ in London, da bräuchten wir dann noch einmal zehn Bilder, exakt in derselben Technik.

SVEN: Genauso? Aber wie sollen wir das denn machen?

BRUNO KLOSTER: Ich weiß, die Zeit ist knapp, aber ich vertraue voll auf Ihre Schöpfungskraft.

LUDWIK: Das kostet dann aber mehr als achthunderttausend Euro.

SVEN: Das kostet dann nämlich drei Millionen Euro.

BRUNO KLOSTER: Drei Millionen? Hmmm. Machen Sie. Ich werde das mit Burkhard besprechen, aber ich glaube, es sieht nicht schlecht aus.

LUDWIK: Ja.

BRUNO KLOSTER: Nun denn, es war mir ein Vergnügen, meine Assistentin Regula regelt dann alles Weitere mit Ihnen, auf Wiedersehen!

LUDWIK: Auf Wiedersehen, Herr Dr. Kloster!

Ludwik und Sven stehen allein im Keller.

SVEN: Du Idiot! Wir hätten dreißig Millionen Euro verlangen sollen.

IX.

Wieder im Wohnzimmer in Berlin-Mitte. Sofa, Bücherregal, Arbeitstisch, Computer, vor dem Bücherregal eine Matratze. Dazugekommen sind inzwischen Symbole des zukünftigen Wohlstands: Sektkübel, ausgelöffelte Kaviardosen, Tennisschläger, das achtzig Kilo schwere Helmut-Newton-Buch „Sumo" samt zugehörigem Stahlgestell, überall liegen Tennis- und Golfbälle herum.

LUDWIK: Du hast sie auf dem Gewissen.

SVEN: Wenn sie genug Salz und Mineralien gegessen hätte, was ja eindeutig deine Verantwortung war, dann sähe die Sache ganz anders aus.

LUDWIK: Ich hatte schon Brathühnchen gekauft, und du hast verboten, es ihr zu geben. Sie ist an Entkräftung gestorben. Und jetzt haben wir niemanden, der uns die nächsten Spritzbilder malt.

SVEN: Brathühnchen machen dick und gefällig. So kann keine wahre Kunst entstehen.

LUDWIK: Das stimmt doch nicht.

SVEN: Doch. Weil wenn wir sie gemästet hätten, dann hätten wir jetzt auch nicht ihre Spritzbilder, die Bruno Kloster so gut gefallen, daß er mir drei Millionen achthunderttausend Euro dafür zahlen will.

LUDWIK: Wieso dir? Uns. Ich bin schließlich auch noch da!

SVEN: Ja, ja, uns.

LUDWIK: Und wo sollen wir jetzt die neuen Bilder herbekommen?

SVEN: Herrgott! Die Spritzbilder könnten wir ja auch selbst malen!

LUDWIK: Stimmt eigentlich! Genau! So schwierig ist das doch nicht, die paar Spritzer mit dem Farbquast.

SVEN: Ja, aber darum geht es doch gar nicht. Siehst du, du bist ja jetzt selbst schon so dick und gefällig geworden, daß du keinen klaren Gedanken mehr fassen kannst. Schau dir mal das Zeug hier an, Golfbälle, Kaviardosen, Insignien des Wohlstandes, alles, was wir früher verachtet haben. Mir ist Geld nicht wichtig! Und du hechelst nur noch dem nächsten Vorschuß von Galerie Heu hinterher, damit du dir noch mehr Tennisbälle kaufen kannst. Wie viele Tennisbälle willst du denn haben im Leben? Hundert? Hunderttausend? Eine Trillion Billion Tennisbälle? Natürlich könnten wir jetzt noch zehn Spritzbilder malen, und dann nochmal zehn und nochmal zehn, und Geld scheffeln, und nochmal Geld scheffeln, aber darum geht es doch gar nicht!

LUDWIK: Aber worum geht es denn dann?

SVEN: Erinnere dich doch mal an deine Gedichte. An deinen Kampf um jedes Wort. Und die Absage vom „Wandler". Und trotzdem hast du immer weitergemacht. Und jetzt? Das Gedicht mit dem „Lach", an dem du nächtelang geschrieben und gefeilt hast. Kannst du es noch?

LUDWIK: Ja, natürlich.

SVEN: Dann sag es doch einfach noch mal auf! Los!

LUDWIK: Ein Hund an langer Leine, hatte dicke krumme Beine, und dazu einen kurzen Schwanz, ließ sich rufen gerne … ließ sich rufen gerne …

SVEN: Ja, wie ließ er sich denn gerne rufen?

LUDWIK: Ähm. Ah, ich hab's: Franz.

SVEN: Und weiter? Wie geht es weiter?

LUDWIK: Entgegen kam am kurzen Band, ein anderer an Fräuleins Hand, hatte große steile Ohren, war aber zu früh geboren. Plötzlich lagen sie alle flach, Umherstehende, ähm, umherstehende Passanten sagten ab, warte. Nein. Moment mal, plötzlich lagen sie alle umher, nein. War aber zu früh geboren, dann wurden mehr geboren ...

SVEN: Siehst du. Du kannst es nicht mehr. Dein eigenes Gedicht.

LUDWIK: Ja.

SVEN: Du hast dich selbst verloren, in einem Meer aus Tennisbällen.

LUDWIK: Meinst du wirklich?

SVEN: Und weißt du, was du selbst bist? Auch nur ein Tennisball. Ein Tennisball unter Millionen von Tennisbällen, die alle gleich aussehen.

LUDWIK: Oh. Vielleicht hast du recht.

SVEN: Na sicher habe ich recht. Tennisbälle sind nicht wichtig. Kaviar ist nicht wichtig. GELD ist nicht wichtig!

LUDWIK: Ja aber, was denn dann?

SVEN: Die Kunst ist wichtig. Unser Platz in der Geschichte. Die Unsterblichkeit.

LUDWIK: Ja, das finde ich auch.

SVEN: Die Grenze.

LUDWIK: Wie, die Grenze? In Polen?

SVEN: Wir müssen nicht an die Grenze gehen, nicht bis zur Grenze. Wir müssen die Grenze überschreiten.

LUDWIK: Ja, ja.

SVEN: Wir müssen unsterblich werden.

LUDWIK: Unsterblich werden ...

SVEN: Ja. Unsterblich werden. Und unsterblich macht nur –

LUDWIK: Ähm. Der Tod.

Eine nachdenkliche Pause entsteht.

LUDWIK: Du meinst ...

SVEN: Ja.

LUDWIK: Aber... dann sind wir ja tot.

SVEN: Schau mal. Alle großen Künstler sind gestorben, und dann wurden sie erst richtig berühmt.

LUDWIK: So wie Bob Ross.

SVEN: Ja, Bob Ross natürlich. Aber auch Marilyn Monroe, James Dean, Miles Davis, Picasso.

LUDWIK: Du meinst also, wir sollten uns umbringen?

SVEN: Ja, genauso meine ich es.

Weiteres nachdenkliches Schweigen. Ludwik spielt dabei mit dem Tennisball.

LUDWIK: Jetzt? Oder wann?

SVEN: Ja. Jetzt. Wir werden unsterblich werden, unsere Spritzbilder werden unser Vermächtnis sein.

LUDWIK: Unser Testament an eine Welt, in der es nur um Geld geht.

SVEN: Unsere Abrechnung.

LUDWIK: Ja. Wir wollen allen weltlichen Dingen entsagen. Und die radikalste Form der Entsagung ist die Auflösung im Nichts.

SVEN: Sehr richtig. Wir werden weltberühmt. Man wird Bücher über uns schreiben.

LUDWIK: Marmorstatuen werden auf Dorfplätzen errichtet werden, uns zu Ehren.

SVEN: Nein, Marmorstatuen werden wir ausdrücklich verbieten. Das ist eitel.

LUDWIK: O.K., keine Statuen. Aber Kinder werden meine Gedichte in der Schule aufsagen.

SVEN: Auch das mit dem „Lach".

LUDWIK: Und meinen Tsunami-Zyklus.

SVEN: Guck mal, ich habe hier Blausäure.

LUDWIK: Das sind aber hübsche Fläschchen.

SVEN: Wenn du bereit bist und es wirklich dein eigener Wille ist, dann laß uns nun gemeinsam dieses Gift trinken.

LUDWIK: Ich will ein Abschiedsgedicht sprechen.

SVEN: Nein, dazu ist jetzt keine Zeit. Hier, wir trinken das jetzt. Und dann wird man uns finden, und man wird unsere leblosen Körper auf Rosen gebettet durch die Straßen Berlins tragen.

LUDWIK: Junge Mädchen werden weinend den Trauerzug begleiten. Der Bundespräsident Horst Köhler schreitet voran, Würdenträger folgen ihm in schwerem Ornat.

SVEN: Die Berliner Philharmoniker unter Leitung von Claudio Abbado spielen den Trauermarsch, es herrscht überall Fahrverbot.

LUDWIK: In ganz Deutschland wehen die Fahnen auf halbmast.

SVEN: Eine Woche lang.

LUDWIK: Einen Monat lang. Und Sprechverbot, auch für Kinder.

Sven und Ludwik drehen die Flaschen auf, Ludwik trinkt seine sofort aus, Sven führt seine zum Mund, setzt sie aber nicht an, sondern imitiert nur mit seiner Zunge das Geräusch der sich leerenden Flasche. Ludwik fällt tot zu Boden.

Sven geht zum Schrank, holt einen vorbereiteten Hanfstrick heraus und knotet ihn Ludwik um den Hals. Dann wählt er auf seinem Telefon eine Nummer.

SVEN: Hallo, Galerie Heu? Herr Kloster? Hier ist Sven, von Ludwik und Sven. Etwas Furchtbares ist passiert. Ludwik hat sich erhängt. Ja. Gerade eben. Ludwik hat das alles nicht ausgehalten. Tragisch, ja. Er hat den plötzlichen Erfolg nicht verkraftet. Er war zu sensibel. Ja. Eine echte Künstlerseele.

X.

Vernissage bei Galerie Heu. Noch ist es fast leer. An den Wänden, sorgsam ausgeleuchtet, hängen die zehn Spritzbilder von Gerda Prophet. In der Mitte des Raumes liegt auf dem Boden eine große weiße Leinwand, auf die von oben eine braungelbe Flüssigkeit tropft. Bruno Kloster stellt Sven den nun eintreffenden Gästen vor.

BRUNO KLOSTER: Ah, Rodolfo von Bulgarien. Darf ich vorstellen, Sven. Vom Künstlerduo Ludwik und Sven.

SVEN: Sehr erfreut, Euer Hoheit.

BRUNO KLOSTER: Und hier, Lars Windhorst. Sie kennen sicher den „Windhorst-Tower“ in Schanghai.

SVEN: Angenehm.

BRUNO KLOSTER: Horst Köhler, der deutsche Bundespräsident. Welche Ehre.

SVEN: Herr Bundespräsident.

Der Bundespräsident zeigt interessiert auf die am Boden liegende Leinwand, auf der sich Tropf- und Spritzformationen bilden.

HORST KÖHLER: Herr Sven, wie nennt man diese Art von Kunst?

SVEN: Wir nennen es „drip-painting“.

Bruno Kloster nimmt Sven etwas zur Seite.

BRUNO KLOSTER: Ein großer Erfolg. Für uns alle. Wie traurig, daß Ludwik das nun nicht mehr miterleben kann.

SVEN: Aber er ist ja nun doch auf eine – wie ich finde – sehr schöne Art und Weise in die Ausstellung eingebunden. Ich weiß, diese Installation ist ganz in seinem Sinne. Er hätte genauso gehandelt.

BRUNO KLOSTER: Natürlich, da bin ich mir sicher. Und wenn ich Sie ganz kurz noch einmal auf die „Frieze“ in London ansprechen dürfte, die zehn neuen Bilder, meinen Sie denn, daß das nun überhaupt noch möglich ist, wo Ludwik nun nicht mehr bei uns ist.

SVEN: Absolut. Da machen Sie sich keine Gedanken. Zehn, zwanzig, das macht für mich keinen großen Unterschied. Und wissen Sie ...

Das Gespräch geht im langsam immer lauter werdenden Gemurmel der zahlreichen Vernissagegäste, die nun die gesamte Galerie Heu ausfüllen, unter. Das Gemurmel braust zu einem vielstimmigen Gesprächschor auf, aus dem kein einziges Wort mehr klar zu unterscheiden ist.

Von oben, über der am Boden liegenden weißen Leinwand, ragen jetzt langsam zwei Schuhe, dann Hosenbeine in das Bühnenbild hinein. Aus den Hosenbeinen tropft gelbe und braune Flüssigkeit auf die Leinwand, immer tiefer sinkt die Figur, die sich leicht um sich selbst dreht. Es ist der erhängte Ludwik.

Etwas erhöht öffnet sich eine Tür, zu der eine kleine Treppe hinaufführt. Musik. Ein alternder Transvestit *in full drag* spaziert die Treppe hinab, und während er das traurige spanische Lied „Puro Teatro" im Playback singt, entledigt er sich der Insignien des Transvestismus; der falschen Wimpern, der Federboa, des falschen Busens, der Perücke, des Tesafilms, das seine Gesichtshaut gestrafft hat. Er stellt sich unter den erhängten Ludwik, die gelbe und braune Flüssigkeit vermengt sich mit seinem Make-up, das er mit den Händen verschmiert.

Playback

Igual que en un escenario
finges tu dolor barato
tu drama no es necesario
ya conozco ese teatro
fingiendo, que bien te queda el papel
después de todo parece
que esa es tu forma de ser.

Yo confiaba ciegamente
en la fiebre de tus besos
mentiste serenamente
y el telón, cayó por eso, uhmm!!

Teatro, lo tuyo es puro teatro
falsedad bien ensayada
estudiado simulacro,
fue tu mejor actuación,
destrozar mi corazón
y hoy que me lloras de veras
recuerdo tu simulacro
perdona que no te crea me parece que es teatro.

Vorhang

ALLES VERGESSENE SAMMELT SICH AN DER DECKE

Ein Besuch in Afghanistan / 2006

Die Hälfte der linken Hand war taub geworden, eingeschlafen, unten, vom kleinen Finger bis zum Handballen. Barbara hatte das auch, zur gleichen Zeit wie Ali. Wir dachten, es läge am Rauchen, lange Zeit mochte niemand zum Arzt gehen aus Furcht, es sei schon längst zu spät. Es kribbelte und stach, als habe man sich auf ein Nadelkissen abgestützt, und wenn man dagegen drückte, hallte die Haut nach, weiß wie nach einem schweren Sonnenbrand. Es tat nicht wirklich weh, es war nur alles taub.

Es gab mehrere Gründe, nach Afghanistan zu reisen. Die Taubheit der Extremitäten war schlimmer geworden, das Nationalmuseum in Kabul zeigte eine große, herrliche Ausstellung hölzener, halbheidnischer Idole aus Nuristan, und der französische Filmregisseur Christophe de Ponfilly drehte dort unter Umständen, die sich später als mehr als widrig herausstellen sollten, einen Spielfilm, oben im Panjshir-Tal, fünf Autostunden nördlich von Kabul.

Das Panjshir-Tal war wohlbekannt, dort hatte Ahmed Shah Massoud mit seiner Armee gelebt, Löwe des Panjshir, militärischer Führer der Nordallianz, Bezwinger der Sowjets, Bezwinger der Taliban, Held unter Helden, der charismatischste der Mujahedin. Massoud war am 9. September 2001 durch einen Anschlag der al-Qaida ums Leben gekommen, als Präludium zur großen World-Trade-Center-Symphonie zwei Tage später. Zwei Araber, die sich als marokkanisches Filmteam ausgegeben hatten, sprengten sich und die mitgebrachte Filmkamera in nächster Nähe von Massoud, der eine halbe Stunde später an seinen Verletzungen starb, in die Luft. Ahmed Shah Massoud hatte immer den Kameras vertraut, er hatte allen immer freizügig Interviews gegeben, die in sein Tal gekommen waren, schließlich sich auch über die Jahre und zwei Filme lang von einem französischen Dokumentarfilmer begleiten lassen, einem alten Freund, ebenjenem Christophe de Ponfilly.

Am überaus unsympathischen Flughafen von Istanbul, der durch halogenbestrahlte Irish Pubs eine internationalistische Moderne vortäuschen wollte, den Anschlußflug nach Kabul, Ariana Afghan Airways, es gab sechs Stunden Verspätung. Auf dem Flugfeld neben dem Flugzeug standen Amerikaner in Sonnenbrillen und schweren Schuhen, unten an der Düse stand ein ganz offensichtlich homosexueller Amerikaner und sprach, heftig gestikulierend, in ein am Ohr befestigtes Telefon, beim Gepäcktraktor standen ebenfalls zwei Amerikaner, und der Mann im Overall, der das Flugzeug mit zwei Leuchtstäben dann hinaus auf die Runway dirigierte, sah auch nicht wirklich türkisch aus.

Zwei stämmige Schwarze in gelben Leuchtjacken suchten erst die Kabine ab, nun wischten sie mit hellen Staubtüchern in Ritzen herum, musterten die Passagiere einzeln, verglichen Namen mit Listen auf Clipboards, setzten sich vorne hin, in die Nähe des Cockpits, und flogen mit. Sie waren langsam in ihren Bewegungen, methodisch, bedächtig, und sie tranken mit vorsichtigen Schlucken aus mitgebrachten kleinen Mineralwasserflaschen, schweigend, den Blick nach vorne gerichtet, nicht nach draußen aus dem Fenster.

Dort unten lagen Anatolien, Kurdistan und nach einer Weile das iranische Plateau, die perfekte Symmetrie der Stadt Meshed zog rasch vorbei, dann endlich immer gleichbleibende, braun- und ockerfarbene Ödnis, als sei eine staubige Decke sanft über die Welt gelegt worden; ewig gleiche Berge, wie Wellenkämme auf einem dreckigbraunen Meer, manchmal war von oben Schnee auf den Bergspitzen zu sehen, doch auch dieser war schmutzig und mit achtlos verteilten Felsen besprenkelt wie Pfefferkörner auf Salzhügeln, das war Afghanistan.

Ab und zu drehte einer der Amerikaner in den gelben Jacken eine Runde zu den hinteren Toiletten, aber es passierte gar nichts, und über Kabul flog das Flugzeug eine Zwiebelschleife, kein gemächlicher, normaler Anflug, sondern sich nach unten drehende, eng geflogene Schrauben, um kein gutes Ziel für Raketen abzugeben, dann eine schnelle, holprige Landung.

Nußbraune, harte Gesichter; Tadschiken, Hasara, Paschtunen, Usbeken. Viele Männer mit Waffen. Die Paßkontrolle in einem Container aus grünem Wellblech. Die Passagiere rauchten Kette, die Polizisten entfernten die Whiskyflaschen aus den Gepäckstücken der ankommenden Inder, die fluchten, die es dann aber lieber sein ließen, da die Afghanen grimmig schauten und groß und hochgewachsen waren.

Der Taxifahrer rief Heil Hitler, er liebe die Deutschen, er liebe Hitler, und es sei gut, daß deutsche Soldaten endlich wieder in Kabul seien. Afghanen und Deutsche seien beide schließlich Arier. Dann fuhr er los.

Deutschland hatte eine lange Geschichte der Einflußnahme in Afghanistan – Werner Otto von Hentig und Oskar von Niedermayer (Haji Mirza), die 1915 den Emir von Kabul aufgesucht hatten, um sich in der großen Weltpolitik, im „Great Game", zwischen die Russen und die Engländer zu schieben, waren die ersten, die gekommen waren, obgleich Deutschland eigentlich nie eine große Rolle gespielt hatte und erst spät Kolonialreich wurde. Der junge bayerische Artillerieoffizier Niedermayer überbrachte 1915 im Auftrag des kaiserlichen Auswärtigen Amtes dem Emir in Kabul einen Brief Wilhelms II. mit einem Bündnisangebot. Er sollte damit den Grundstein für die nun schon fast ein Jahrhundert andauernde deutsch-afghanische Zusammenarbeit legen; Wirtschaft, Bildung, Kultur, Militär. Und einige Jahre später lieferte Albert Speer dem Emir die Pläne zum Ausbau von Kabul, davon übriggeblieben ist nur die kerzengerade, kilometerlange Prachtstraße, die von der Innenstadt zum heute ausgebombten Königspalast führt.

Grund genug, erst die Gesellschaft für Technische Zusammenarbeit aufzusuchen und dann das Goethe-Institut, das in der alten DDR-Botschaft untergebracht war, in einem sehr eleganten

Haus aus den sechziger Jahren. Dort drinnen im ersten Stock saß Dr. Norbert Spitz und sprach exakt eine Stunde lang über die Schwierigkeiten der Kulturvermittlung in diesem Land. Er war ein ausgesucht höflicher Mensch, er reichte eine Tasse Filterkaffee, und am Ende lud er ein, sich im November gemeinsam das Lyrikfestival in Herat anzusehen.

Das Hotel Mustafa lag links hinter der Chicken Street, die Bar des Mustafa war eines der beliebtesten Ziele für Raketen- oder Handgranatenangriffe, deshalb waren oben im zweiten Stock Tag und Nacht die Vorhänge zugezogen, es gab zaghaft über die Theke geschobene Flaschen Bud Light und Stella Artois, an der Decke hingen kleine Spiegel, einhundert Kerzen spiegelten sich darin, ab und zu gab es Stromausfälle, dann sprang ein Generator an, und vom Band lief wieder Hindi-Pop. Im Mustafa wohnten die türkischen Immobilienhändler, die amerikanischen Fliesenvertreter, die südafrikanischen Söldner, die pakistanischen Informationshändler und Henning Kober, wenn er da war. Und in der Bar des Mustafa trafen sie alle aufeinander, tranken Bier, und einmal im Monat schoß einer männlich an die Decke, obwohl im Mustafa schon lange keine Waffen mehr erlaubt waren.

Es war eine dunkle Stadt, sehr reizvoll, sehr arm, und wer nachts spazierenging, was man nicht tun sollte, der hörte auf dem Nachhauseweg die Stimmen, zu Hunderten drangen sie ans Ohr, aus den Ecken, aus den Ginsterbüschen, hinter den hohen Mauern:

„Sehen Sie, wie die Fliege auf dem Zuckerstück spazierengeht? Hallo?"

Wer spricht? Wer erinnert sich? Wessen Stimme ist das?

„Die Tadschiken haben das gemacht: Sie hängten den Hasara an einer Kette an einen Haken, schnitten ihm die Ohren ab und warfen sie in die Ecke."

„Die Hasara haben das gemacht: Sie sägten dem toten Paschtunen die Schädeldecke auf und gossen siedendes Öl oben in den Kopf hinein, auf das Hirn, und die Leiche zuckte und tanzte, als sei sie auf einer Bühne."

„Die Paschtunen haben das gemacht: Sie banden dem Tadschiken die Hände hinter den Rücken und schossen ihm in die linke Kniescheibe. Dann zwangen sie ihn, im Schnee barfuß zu stehen. Wenn er sich vor Schmerz krümmte oder das zerstörte Bein nicht mehr stehen wollte, drohten sie ihm, in das andere Knie zu schießen. Es war eine kalte Nacht, und sie spielten so mehrere Stunden mit ihm. Am Schluß schossen sie ihm in den Kopf und gingen weg."

Und jetzt?

„Am schlimmsten waren die Tschetschenen, große Männer mit blau-schwarz rasierter Kopfhaut und dunklen Bärten. Sie waren wie die Tiere. Wenn Tschetschenen kamen, haben wir die Straßenseite gewechselt und den Blick auf die Straße geheftet, um ihnen nicht in die Augen sehen zu müssen. Als die Taliban abzogen aus Kabul, haben sich sechs Tschetschenen im Shar-e-Naw-Park verschanzt und wahllos aus dem Park heraus geschossen, auf alles, was sich bewegte, Kinder, Taxis, Alte, egal was kam. Sie hatten sich mit Sprengstoff umwickelt und wollten sich sprengen, wenn die Amerikaner gekommen wären. Scharfschützen der Nordallianz haben sie erschossen. Es hat sich gar nichts verändert. Heute sind es Kopfgeldjäger, *Executive Outcomes*, Privatarmeen, diese Leute. Wir wechseln die Straßenseite und sehen immer noch nach unten."

Und wer spricht jetzt? Wessen Erinnerung ist das?

„Die Dunkelheit macht erst auf unbestimmte Weise Angst, dann bestimmt, exakt und konkret, sie schärft die Sinne; ein Spaziergang nachts, Neonlicht am Kebabstand, Rauch, die Pfütze, die quietschenden Reifen, die Schreie, die Anweisungen, ein Wagen vorne quer, ein zweiter hinten zum Blockieren, die Männer springen heraus, ein Leinensack über den Kopf, der Kopf hinuntergedrückt neben dem Rücksitz, der Geruch des Wagens, der Geruch von Schuhleder, von Sandalen, von Füßen. Die Fahrt, das Knie im Kreuz, das Flüstern. Dann, nach langer Zeit, der Leinensack wird hochgezogen. Blindheit vor soviel Licht, ein spitz schmerzend heller Scheinwerfer, die Videokamera vor einem, die Spruchbänder hinter einem, schwarz auf grün, die vermummten Männer mit den Waffen, der Anführer mit dem langen Küchenmesser. Die Sägerille. Der Kopf. Allahu Akbar. War Porn."

Und wenn morgens die Alpträume vorbei und Kabul wieder hell war und die Stadt leuchtete und die Taxis hupten, dann waren die Stimmen wie weggeweht, und man fuhr gerne ein wenig hinaus, zum europäischen Friedhof. Dort zeigte der uralte Friedhofswärter Ramimullah, während er stolz erzählte, Mullah Omar hätte ihn einmal geschlagen, das Grab des großen ungarischen Forschers Sir Aurel Stein; der Weggefährte Sven Hedins war 1943 hier in Kabul an einem Herzinfarkt gestorben.

Dort lagen auch die Soldaten der ISAF, Briten, Spanier, Deutsche. Man hatte Blumen auf ihre Gräber gelegt. Etwas verwahrloster waren die Grabsteine der jungen Hippies, Deutsche zumeist, die hier gestorben waren, Ende der Sechziger, Anfang der Siebziger. „Maike" war dort zu lesen, „Britta" und „Stefan". Sie waren dem Ruf der Freak Street gefolgt oder dem Geruch des Schwarzen Afghanen, auf dem langen Weg von Berlin oder Stuttgart nach Kathmandu waren sie in Kabul gefallen, langhaarige Soldaten der Liebe und des Friedens.

Hinter dem Panshjir-Tal, dort wo Christophe de Ponfilly seinen Spielfilm drehte, da lag Nuristan, das Tal-des-Lichts. Die Bewohner von Nuristan, so hieß es, waren die Nachkömmlinge des makedonischen Soldaten Alexander des Großen, sie waren erst spät im 19. Jahrhundert zum Islam zwangskonvertiert, sie hatten rötliches Haar, bestellten Traubenreben und preßten daraus Wein. Ihre Zeremonien, die sie nie ganz aufgegeben hatten, schienen dionysischen Ursprungs zu sein, man tanzte und berauschte sich am Wein, die Frauen gingen unverschleiert und stolz und nahmen sich den Mann, den sie wollten.

Ein Teil des Gebiets von Nuristan war hier, auf der afghanischen Seite, der andere Teil drüben, im Chitral, in Pakistan. Die Nuristanis hatten es nicht leicht.

Ihre mannshohen Holzstatuen wurden zur Zeit im Nationalmuseum in Kabul gezeigt, es waren wunderbare, geheimnisvolle Figuren, die mit großer Kraft und Anmut aus dem Holz gehauen worden waren, einige wirkten skytisch, andere keltisch oder Inuit. Viele dieser prachtvollen hölzernen Idole waren geleimt, einigen fehlten die Arme, anderen der Kopf, wieder andere hatten tiefe Schnittspuren, die Taliban hatten sie mit Äxten geschändet.

Die Einfahrt zum Tal ging durch eine Felsenge, dann tat sich das Panjshir auf, einen knappen Kilometer breit und siebzig Kilometer lang. Ein smaragdfarbener Fluß, durch kleine Stromschnellen an einigen Stellen weiß aufschäumend, zog sich wie ein kühlendes Band an der Schotterpiste entlang; sowjetische Panzer, die bis zu den unteren Läufen des Panjshirs gekommen waren und nicht weiter, säumten den Weg, ihre leeren Metallgerippe lagen da wie die Hüllen großer toter blinder Käfer. Nun spielten Kinder darauf.

Nach einer ganzen Weile erreichte der Land Cruiser das Mausoleum von Ahmad Shah Massoud. Er war auf einer Anhöhe begraben worden, in der Nähe seines Heimatdorfes Jangalak, so daß er sein geliebtes Panjshirtal überblicken konnte. Im Inneren saß ein alter Mullah und betete an diesem friedlichen Ort über einer grünen einfachen Grabplatte.

Wieder draußen stieß ein weißhaariger, gutaussehender Franzose dazu, man kam ins Gespräch, und er erfuhr, daß sein alter Freund und Kriegsgefährte Christophe de Ponfilly ein paar Kilometer weiter das Tal hinauf einen Spielfilm drehte. Er wolle unbedingt mit, sagte er und stellte sich vor. Es war Général Morillon,

Ex-UN-Kommandant, der Mann, der mit seinen Soldaten zwei Jahre lang das Massaker von Srebrenica aufgehalten hatte. Gemeinsam fuhr man zum Drehort, Christophe de Ponfilly schien sich über das Wiedersehen zu freuen, alles wurde gefilmt, es gab Abendessen, Reis, Tee und Nan, flaches Brot.

Die Franzosen waren unter sich, so wollten sie auch bleiben, die deutschen Sprengmeister setzten sich zum Essen zu den Afghanen auf den Fußboden. Ein Schweizer Journalist der „Tribune de Genève" kam vorbei, er wollte weiter nach oben ins Tal, an die Grenze zu Nuristan. Er bekam nicht einmal eine Decke.

Abends im Camp das Schnarchen, die Blähungen, die Ausdünstungen, die Gespräche der Männer. Man lag auf dem Fußboden, die Mauern des Camps waren aus Lehm. Die Deutschsprachigen hatten sich zusammengefunden, nachdem sich die Französischsprachigen in die französische Sprache und in eigene Zimmer zurückgezogen hatten. Die Deutschen aßen Gummibären und Hanuta, die die Sprengmeister aus Leipzig mitgebracht hatten.

„Bleibst du länger in Afghanistan?"

„Ich bin eingeladen, auf das Lyrikfestival in Herat, im November."

„In Herat, in Herat, da gehen die Männer mit Rosen zwischen den Zähnen spazieren. Hier oben im Panjshir nicht. Und in Kandahar haben sie letzte Woche einen italienischen Ingenieur geköpft."

„Wir essen seit sieben Wochen Reis. Ich kann nicht mehr."

„Du kannst ja an einem Suppenwürfel lutschen."

„Hör mal: Pfröööööt."

„Hahaha!“
„Pfrööt-töööööt.“

Draußen heulten die Wölfe von den Bergen herunter, die afghanischen Silberwölfe, es war kalt. Drinnen machte sich einer der Sprengmeister daran, seinem schlafenden Kollegen, der die Socken seit ebendiesen sieben Wochen nicht mehr gewechselt hatte, mit einem unter Druck stehenden, brennenden Deospray die Füße abzufackeln.

Die Franzosen waren ebenfalls recht sonderbare Menschen, sie schienen intensiver zu leben, sie waren weltgewandter, weniger phlegmatisch, aber auch viel eingebildeter. Sie trugen die Kaffiyeh um den Hals, den Bart lässig zwischen unrasiert und Vollbart, man sprach ostentativ Französisch, nicht Englisch, auch wenn Englisch die Sprache war, auf die sich Russen, Deutsche, Afghanen und Franzosen eigentlich alle hätten einigen können.

Der Film sah gut aus. Die Sonne schien. Das Panjshirtal war herrlich. Die dekorativen Bäume, die Apfelgärten, die kühlen und unendlich schattigen Flecken, die Pfirsich- und Pflaumenbäume, die zahllosen Maulbeerbäume verschiedener Art – schwarz, weiß und purpurn –, die Platanen, die hoch aufragenden Pappeln, die süß duftenden roten und weißen Weiden, auch die Trauerweiden, die grünen Wiesen, die wild strömenden Bäche und die roten, die weißen, die gelben Rosenhecken, alles sah ganz herrlich aus, von Gott exakt genauso geschaffen. Russische Burschen, als sowjetische Soldaten verkleidet, liefen Streife durch die Apfelgärten, die Kalaschnikow im Anschlag. Alte Mujahedin, die vor 30 Jahren gegen die Sowjets gekämpft hatten, saßen neben dem Set auf dem Boden, sahen zu, was vor der Kamera passierte, strichen sich durch die langen grauen Bärte, lächelten und aßen Aprikosen.

Am Abend kündigten zwanzig afghanische Komparsen; sie wollten wählen gehen in Kabul, sie verlangten ihren Komparsenlohn, sie wurden einzeln aufgerufen, sie setzten ihren Daumenabdruck mit blauer Farbe auf eine Liste, jeder erhielt einige Geldscheine, und dann verließen die Zwanzig das Camp, hinaus in die Nacht; Busse fuhren keine nach Kabul, sie wollten laufen. Die Franzosen fluchten, aber es half nichts.

Anderntags fuhr Général Morillon wieder ab, der Held von Srebrenica. Massoud, der Held des Panjshir. Sacha Bourdo, der französisch-russische Held des Films. Christophe de Ponfilly, die Mujs, die Komparsen, die Militärberater, die Kameramänner. Alle waren sie Helden hier, alle in ihrer Männlichkeit irgendwelche Helden. Das Camp wurde abgebrochen, der morgige Drehort war etwas weiter unten im Tal.

Das Script-girl bekam einen Weinkrampf, als sie das neue Lager sah. Die einzige Toilette sollte man nicht abziehen, tat man es trotzdem, spritzte braun schäumendes Wasser neben einem aus dem Loch in der Wand. Es gab keinen Strom. Es gab nicht einmal Kerzen. Sie saß zusammengesunken auf einem Plastikstuhl, die Hände vor dem Gesicht, und weinte. Christophe de Ponfilly sagte, es sei ihm egal, er habe einen Film zu drehen, und wem es nicht paßte hier in Afghanistan, dem stehe es frei, sofort zu gehen.

Und danach diktierte er einem ZEIT-Redakteur, der ebenfalls hier oben im Panjshir-Tal an einer Geschichte für seine Zeitung bastelte: „Am Ende, wenn der Film abgedreht ist, werde ich nie wieder nach Afghanistan reisen. Alles, was die heute interessiert, ist Geld, Geld, Geld. Der noble Afghane, er ist für immer verschwunden. So wie ich ihn kennengelernt habe, gibt es ihn nicht mehr. Vergessen wir es. Ich habe meine Erinnerungen. Au revoir."

Am Ende auch vergessen zu erwähnen, daß die Hände nicht mehr taub waren, nie mehr wurden sie taub, Afghanistan hatte sie geheilt.

Noch vor der Premiere seines Spielfilms „Der Stern des Soldaten" begeht der Regisseur Christophe de Ponfilly Selbstmord, in Frankreich. Er sollte Afghanistan nie wieder sehen, nie wieder eine Rose zwischen den Zähnen tragen.

DAS ENDE DER LEINE I

Ein Briefwechsel / 2003

A recognition that nature has endowed us with one skin
too few, and that a fully sentient being should wear
its nervous system externally.
J. G. Ballard

Sehr geehrter Herr Kracht,
sehr angetan von Ihren Büchern und Aufsätzen, möchten wir Sie um einen Essay für unsere demnächst erscheinende Ausgabe von „Visuell" bitten. „Visuell" ist ein Magazin, das in unregelmäßigen Abständen erscheint und unter verschiedenen Aspekten das Kunstengagement der Deutschen Bank reflektiert.

Aktuell würden wir Sie gerne nach New York einladen, wo am 4. Oktober in der New York Library das Projekt „Wordsearch" von Karin Sander erscheint. Das zweite Projekt ist unsere Ausstellung „Man in the middle", die ab Samstag in der St. Petersburger Hermitage zu sehen ist. Gerne würde ich Ihnen das Magazin

„Visuell“ und Unterlagen zu den beiden Projekten zusenden und mich freuen, von Ihnen zu hören.

Heute müssen Ihnen ein bißchen die Ohren geklingelt haben, denn ein Künstler erzählte beim Mittagessen von einem Abendessen mit Ihnen in Bangkok und zum Kaffee ein Galerist von einem weiteren in der Berliner *Paris Bar* ... so ist das Leben in einer Bank ...

Beste Grüße,
Ihre Ariane Grigoteit
global head db art

Sehr geehrte Frau Grigoteit,
danke für Ihre E-Mail – bitte senden Sie mir doch Ihre ganzen Unterlagen an meine Postanschrift in Bangkok. Am besten mit Fed Ex, da die Zeit doch etwas knapp werden wird. Wer waren denn die Menschen, die Sie in Berlin und Bangkok trafen?
All the best,
Christian Kracht

Sehr geehrte Frau Grigoteit,
USA werde ich wohl nicht schaffen. Nach Petersburg könnte ich – wie gesagt – ziemlich rasch fahren. Es gibt einen Direktflug Bangkok-Moskau mit Aeroflot. Wann hätten Sie denn gerne den Essay? Ich warte derweil noch auf Ihre Post mit den Unterlagen zu den Künstlern und melde mich dann mit ein paar Ideen – Shoku.
All the best,
Christian Kracht

Sehr geehrter Herr Kracht,
wer oder was ist „Shoku"?
Beste Grüße,
Ihre Ariane Grigoteit

Sehr geehrte Ariane Grigoteit,
„Shoku" ist japanisch für „I am shocked", dies sagt man aber nur, wenn man es nicht wirklich ernst meint. Japanische Mädchen halten die flache Hand vor den Mund, ziehen die Augenbrauen hoch und sagen, sehr affektiert, „Shoku".
Best,
Christian Kracht

Dear Ariane Grigoteit,
The catalogues you so kindly sent arrived this morning – I must say I was rather surprised. Banks had always seemed slightly stuffy to me; I had no idea just how involved and, indeed, just how well Deutsche Bank, both in terms of your choice of artists and of the visual presentation of the catalogues themselves, comes across as being an arbiter, a canonizer, a questioner. I quite liked the photo essay in „Visuell" (the private views thing in the beginning) of bank employees sound-biting on what art means to them. I would be happy to contribute in any way I can – and I feel honored to be asked.

What kind of piece would you want me to write? Something along the lines of the Rosenquist-essay, which tends to be a bit more of a travelogue? As I said, I would very much like to go to St.

Petersburg – would a couple of days in the first week of October suit you? I could then continue on to Frankfurt or Berlin, returning to Bangkok around October 12 or so. In an ideal world, I would fly Bangkok-Moscow-St. Petersburg-Frankfurt-Bangkok. Please give me your thoughts on this as soon as you can.
All the best,
Christian Kracht

ps. The evening at Paris Bar escapes me somewhat, the Paris Bar (drinking far too much) being what it is, but I seem to recall having dinner with Rirkrit Tiravanija and a whole bunch of people and talking a great deal about Hans-Ulrich Obrist ... might have been there, you know. (Asprey Jacques?) Forgive my memory.

Today I have taken a rather large dog into my home. He was run over by a Nissan in our street and his left hind leg was smashed to bits. I brought him to the dog hospital together with some Thai friends, his hip was operated on but I'm afraid he will probably have to lose the leg. He refuses to eat tinned dog food – being a Bangkok street dog, he's used to eating well spiced bits of pork and chicken. He has a perfectly endearing ring of white fur around his nose and mouth, the doctor said this was not a birth mark actually, but comes from having his mouth tied up with an industrial rubber band, which is what some very nasty Thai children must have done to him. I do hope he is happier here, though.

The sun is out today, even though it is monsoon season again and so I'll most probably just have a salad for lunch. I never drink before 4pm, and although we've quite a bunch of bores coming this evening – including the fat greek second secretary and his wife – I'm not going to start on the stuff early, I promise.

Liebe Ariane Grigoteit,
ich fahre jetzt einfach los, ohne mit Ihnen noch einmal gesprochen zu haben. Das Visum für Rußland werde ich mir im Internet besorgen – nur, mit wem spreche ich in St. Petersburg? Wissen denn diese Menschen, daß ich zu ihnen komme? Können Sie die Namen Ihrer Kontakte im Hotel L' Europe für mich hinterlegen?
Best,
Christian Kracht

Lieber Christian Kracht,
O.K., gute Reise! Dr. Boris Asvarich ist der Kurator für die deutsche Kunst in der Hermitage, senden Sie ihm doch bitte eine E-Mail.
Beste Grüße,
Ariane Grigoteit

Dear Ariane Grigoteit,
the dog is asleep now, thank god. And the people downstairs are being noisy, drunk and dumb, the greek second secretary has actually brought some ketamine, which I can hear he's doing off of the top of our very ugly cabinet which we had made down the street. I wish he would go away and take his drugs elsewhere.

The somalian ambassador has shown up, dear Mohammed, dear, dear man. I'm not supposed to tell you this, but he has started to wheel a „for sale" shopping-cart around Bangkok, and the cart is filled with books he himself has written about the plight of the Somalis, and since there's no real government in Somalia, he of

course is not paid anything by his government – even though he is still the ambassador. So he's stuck here in Bangkok with his books, having to go to third-rate parties such as ours and mooch off of the buffet. There, now I've told you anyway. It has started to rain again outside. It's very, very wet. Bangkok is a super place to be, though. I'm really very excited to be going to Russia tomorrow morning. I hear Aeroflot is a blast.
All the best,
Christian Kracht

Liebe Ariane Grigoteit,
heute morgen in St. Petersburg angekommen. Die Toiletten an Bord der Aeroflot waren ganz und gar phantastisch – ein seitlich nach oben angebrachtes Bullauge erlaubte den Ausblick während des Händewaschens hinaus, das helle Azur des Tages verlor sich, wenn man langsam nach oben schaute, als Solaris im tiefen Nachtblau des Weltalls.

St. Petersburg ist von einem sehr gelben, baltischen Licht überstrahlt; schrägstehende Sonne, die Schatten der Menschen ziehen sich an Hauswänden hoch, es gibt Sümpfe, aus denen, wie die sperrigen Finger einer alten Frau, Herbstbäume ragen. Im Grand Hotel d' Europe im Zimmer einen Tee getrunken, es gab keine Nachricht von Ihnen. Nach stundenlangem Telefonieren erfahren, daß Boris Asvarich, der Kurator der deutschen Kunst der Hermitage, nach Deutschland verreist sei, auf drei Wochen.

In der Neuen Zürcher Zeitung gelesen, daß meine „derzeitige Lesereise durch Russland“ auf wenig Gegenliebe beim Publikum gestoßen sei. Die Zeitung schreibt, die „eminente Literaturkriti-

kerin“ Varvara Smurova bescheinige meinen Büchern „leeres, langweiliges Geschwätz“. Leer seien auch die Veranstaltungen gewesen. Varvara Smurova habe ich gestern noch in Moskau getroffen. Er ist ein sehr netter junger Mann, der als Kritiker das Pseudonym einer Frau aus einem Roman von Nabokov benutzt.
All the best,
Christian Kracht

Dear Ms Smurova,
It was very nice having lunch with you in Moscow yesterday. Have you read the „Neue Zurcher Zeitung“? How very odd. They wrote I was on a book tour of Russia, which isn't really true at all. As you know, I've been asked by Deutsche Bank to write about the Hermitage here in St. Petersburg and German art – it's just that no one is here to show me around. Anyone you know here who might be interested to spend a few hours running around Leningrad?
All the best,
Christian Kracht

Dear Mr Kracht,
Stanislas Gridasov told me that some Zurich newspaper quoted my review about your „1979“ saying that your books are boring and – sorry, I don't remember what else they said.

So I guess I'm a terrible critic if people can't understand what I'm really trying to say. „1979“ impressed me a lot. Sorry for my clumsy English – O.K., it appears that I was not able to express my feelings in Russian as well. In my review I was trying to talk about the strange emptiness I felt in your book – and I never meant the emptiness of the plot or anything like that. I was talking about some inner vacuum of every human being. This emptiness, it seemed to me, can be filled with different kinds of things – with adherence to certain fashion trends, or with some political ideas, with anything at all, it does not matter much. Maybe this isn't what you wrote about, but that's how I read your book.

Anyway, I wanted to say „thank you“ for this book, and tell you I'm really sorry that the meaning of my review was so deformed in Switzerland.

Sincerely yours,
Varvara Smurova

ps. You might want to ring up Mikhail Brashinsky in St. Petersburg – he is a fun person and very knowledgeable.

Liebe Ariane Grigoteit,
den ganzen Tag durch das Labyrinth der Hermitage gelaufen, zusammen mit Mikhail Brashinsky, einem Regisseur. Wir haben uns in Empire-Schränken versteckt und die große Spieluhr des Zaren gesehen, ein überdimensionales goldenes Ei, das in einem goldenen Pilzwald steht, beschützt von einem ebenfalls goldenen Phönix. Die Ausstellung der Deutschen Bank war leider – schwer zu finden – in einem Hinterzimmer untergebracht. Durch das gläserne Dach fiel milchiges Baltenlicht auf die Beuys-Zeichnungen. Mikhail Brashinsky hat mir dann noch einmal Malevichs „Schwarzes Quadrat“ gezeigt und die elegant verschimmelten Herrentoiletten der Hermitage, und dann haben wir in einer Gaststube

absurd viel Wodka getrunken und diese kleinen Silberzwiebeln gegessen, die in Salz eingelegt sind – wie heißen die doch gleich?
All the best,
Christian Kracht

Lieber Christian Kracht,
der Künstler, mit dem Sie sich in Berlin und Bangkok getroffen haben, heißt Tobias Rehberger.
Beste Grüße,
Ihre Ariane Grigoteit

Liebe Ariane Grigoteit,
ich habe vielleicht vergessen zu erzählen, daß ich irgendwie auf die Datscha des großen Schriftstellers Alexander Prakhanov kam, dort zeigte mir der alternde Kommunist seine Schmetterlingssammlung, und während sich sein Kinn vor- und zurückschob, nahm er sein Nagant-Sturmgewehr, und wir gingen dann mit einer Flasche Absolut in das Birkenwäldchen hinter Prakhanovs Haus. Er klagte über mehrere Dinge im neuen Rußland – zwei davon erinnere ich: Ikea und das Musical „Nord-Ost". Ich vermisse meinen Hund. Fliege, wenn es Ihnen recht ist, heute abend nach Berlin.
All the best,
Christian Kracht

Liebe Ariane Grigoteit,
da wir uns auf der Gerhard-Richter-Ausstellung nur kurz spre-

chen konnten und Herr Weisbeck mir dringend etwas zeigen wollte – es gibt nämlich einen Plan, soviele The-Smiths-Zitate wie möglich in Texten bei der Frankfurter Allgemeinen Sonntagszeitung unterzubringen, also Markus Weisbeck, Niklas Maak und ich haben dies vor –, wollte ich Ihnen sagen, daß sich alles finden wird. Große Zuversicht.
Keep well now,
Christian Kracht

Dear Ariane Grigoteit,
Thank you very much for asking me to the Gerhard Richter thing at the Guggenheim Berlin. I am rather worried, though. Last night I saw Kurt Cobain in a dream – he was on his way back, and he was very, very upset. He was in a river. He said that there was no more kindness left in the world.
Best,
Christian Kracht

Liebe Ariane Grigoteit,
ich besitze ganz unglaubliche Photographien von Ihnen. Und einen Text natürlich. Beides also. Und Jim-Croce-artige Erinnerungen. Haben Sie denn div. Zettel von mir mit Einschreiben erhalten? Es waren Telefonatsquittungen, panische Versuche, Boris Asvarich in Leningrad zu erreichen – wenigstens Elena, you know.
I have

Never Never Never

DU CÔTÉ DE CHEZ SPRINGER

Eine Reminiszenz / 2005

Seit der frühesten Kindheit, die, so wenig lang sie her ist, sich dennoch in der Erinnerung dehnt und wieder faltet wie ein Schifferklavier, sehe ich den Geist Axel Springers, der durch die Straßen meines Gedächtnisses geht. Manchmal ist es nur ein Geruch, der lehmige, trockene Duft eines Bleistiftspitzers; oder vielleicht die flüchtige Wahrnehmung eines beigefarbenen Strandhutes, aus Bast war er, ich habe ihn mir genommen aus seinem Schrank in seinem Sylter Haus, an einem jener magisch-automatischen Nachmittage, nach dem Spielen in den Dünen.

Der Hut, er war zehn Nummern zu groß für mich, er franste am Rand leicht aus – ob innen ein Name eingraviert war, daran vermag ich mich nicht mehr zu erinnern. Es gab auch ein paar weiße Bastschuhe zum Schnüren, unzählige Hemden von Harvie & Hudson aus der Jermyn Street in St. James, sicher auch einige von Hutchison, größer als die größten Hemden, die ich kannte, herrlich weiche Hemden, in allen möglichen Farben, hellstes Hellblau, blau-weiß oder rot-weiß gestreift, wie Naschwerk für Kinder am nie gesehenen Brighton Pier oder in Coney Island, sommerlich leuchtend, frisch gewaschen, gebügelt, jedes Hemd hatte ein eigenes Fach, in dem es akkurat Platz fand wie ein einzeln in raschelndes Seidenpapier gebettetes japanisches Bonbon.

Sonderbar, daß die Erinnerung immer nur Tauchfahrten in den Stil, in die Eleganz Axel Springers erlaubt; das Haus in der Upper Brook Street in Mayfair war ein enges Haus, ich durfte dort in einem kleinen Zimmer wohnen, waren die Teppiche vielleicht zitronengelb gewesen? Das Stiegenhaus im Inneren, es war gewunden, mehrstöckig, es schien, als könne man die hohen, freundlichen Treppen hinauf- und hinabschwimmen. Es gab wohl auch einen Butler mit sehr gütigem Gesicht, er trug eine Weste, hatte buschige, weiße Augenbrauen und sprach mit leiser Stimme. Ich habe immer in die Schränke gesehen, da ich in den Mann nicht hineinsehen konnte, als Kind.

Wenn ich an Springer denke, dann sehe ich auch Jay Gatsby. Sylt, das war das fiktive East Egg aus F. Scott Fitzgeralds Roman, und Springer sah wie der Große Gatsby wohl manchmal in der Abenddämmerung hinaus auf das grüne Licht, das dort weit draußen unablässig blinkte. Springers Leben, so scheint mir, war immer wie ein sehr gutes Buch, ein sehr guter Film.

Die schlechteste Szene in dem auch sonst nicht sehr guten Film „Der Verleger" ist für mein Gefühl demnach nicht nur jene, in der Heiner Lauterbach (als Axel Springer – quelle idée!) zu den Erweckungsklängen von Richard Strauss' „Also sprach Zarathustra" plötzlich die Idee zum Namen der Bild-Zeitung herbeihalluziniert, sondern auch die Szene, in der Springer sich zum ersten

Mal von einem englischen Schneider einen Anzug vermessen läßt. Im Film ist der Schneider eine langhaarige, exaltierte Bilderbuchtunte, er vermißt Lauterbach in einem riesigen Zimmer, das an eine Opernbühne erinnert, es hängen große Kristalleuchter von der Decke. Axel Springers Schneider hingegen war das Haus Davies & Sons, und nichts läge ferner von der Filmversion; jener Schneider, bei dem auch ich meinen ersten Bespoke-Anzug machen ließ, befand sich in einem kleinen, dunklen, staubigen Atelier in der Londoner Old Burlington Street. Es roch dort nach Kreide und nach Stoffbahnen, es hatte so gar nichts von einer Bühne, sondern war ein stiller, opaker Ort der unaufdringlichen Arbeit eines aussterbenden Handwerks.

Berlin war immer bleigrau gewesen, nicht das Leuchten des Schnees in den Alpen, nicht die endlosen sonnenbeschienenen Nachmittage auf Sylt, nicht das freundliche Beige-Grau in Mayfair, sondern ein stumpfes Grau, bedrohlich und gleichgültig und kalt. In Berlin wurde andauernd gekämpft, es gab immer Demonstrationen, und Polizeiwagen rasten mit lauten Sirenen durch die graue Stadt. Das Verlagshaus indes schien wie ein steinerner Monolith, der aus dem Nebel herausragte, das Wort „Bild" leuchtete weiß in den Osten hinein. Dieser Tage wird es durch eine gigantische LED-Leinwand ausgetauscht, was ein bißchen schade ist.

Wir Kinder durften in seiner Wohnung in der Uhlandstraße wohnen, Ecke Kurfürstendamm, da war es behaglich, und eines Abends rannte meine Schwester Dominique weg, sie war um einiges jünger, vielleicht sechs, und auf einem Volksfest gewann sie eine gelb-schwarz gestreifte Python aus Polyester, drei Meter lang, die sie stolz nach Hause trug; dort verstand sie die vor Sorge erbleichten Gesichter der Erwachsenen gar nicht, sie fing an zu weinen und verschenkte die Schlange an meinen Vater.

Dünne Krawatten, das hatte er wohl erfunden, Axel Springer; ein kleiner, kleiner Knoten zu schmalen, quergestreiften Krawatten, manchmal einfarbig gestrickt, die Weste immer mit Revers, die silbernen Haare über den Ohren etwas länger, diese Dinge, die heute niemand mehr weiß, die sich niemand gemerkt hat, weil sie damals nicht so wichtig schienen. Jene kleinen, oberflächlichen Dinge zu beschreiben, das ist der Versuch meines Respekts diesem Herrn, diesem Gentleman gegenüber.

Das letzte Mal sah ich ihn am Flughafen, er stand dort und schüttelte mir die Hand, er trug einen dunklen Anzug und schien traurig, elegant und abwesend. Axel Springer lächelte, drehte sich um und verschwand in der von Leuchtschriften beschienenen Flughafenhalle von Zürich.

DIE SCHWEIZ

Ein Gespräch mit Joachim Bessing / 2001

KRACHT: Also, wir wollen in diesem Gespräch ausgehen von den riesigen Aufwindkraftwerken, die man derzeit in Australien baut, riesige stämmige, mächtige Röhren eigentlich, Röhren von einem Kilometer Höhe, die ...

BESSING: ... was Fuller immer gesagt hat ...

KRACHT: Ja, was Buckminster Fuller immer gesagt hat, diese Theorie, daß die Städte anfangen würden zu schweben, wenn man sie einkuppelt ... also wenn du die Schweiz jetzt vollständig in eine Glasglocke einglockst – beginnt sie irgendwann durch die immense Wärmeerzeugung zu schweben.

BESSING: Gestützt wird deine Fuller-These natürlich dadurch, daß die Schweiz, wie ja jeder weiß, komplett untertunnelt ist und diese Untertunnelung ähnlich dem Holzwurm, der am Fundament eines Schranks bohrt, dafür sorgt, daß die Schweiz quasi die

Bodenhaftung verlieren soll, um dieses Transzendieren oder Abschweben, diese Elevation, auf jeden Fall voranzutreiben.

KRACHT: Auch der Käse ist ja ausgehöhlt, quasi mit Luftblasen untertunnelt, die ihm diese gewisse Leichtigkeit verleihen. Eine pneumatisch betriebene Schnellbahn, die unterirdisch Passagiere in sechs Minuten von Zürich nach Genf befördert, soll ja ebenfalls 2010 fertiggestellt sein. Was aber ist dann der Kern der Schweiz, der ausgehöhlt wird? Das Beständige?

BESSING: Es ist eine Art Ader, die ähnlich wie dieser Windkraftturm langsam Einlaßöffnungen bekommt und dann Richtung Schwurbelwind, der reinkommt, die Schweiz mit hinaufrast und dadurch natürlich den Rest der Welt mit Energie versorgt. Also ist dieser Buckminster Fullersche Energieturm in Australien eine Spiegelung der Schweiz.

KRACHT: Nehmen wir einmal an, Menschen wie Sibylle Berg kommen in die Schweiz ...

BESSING: Ja, Sibylle Berg oder Lee Scratch Perry, dieser jamaikanische Reggae-Musiker, der ja jetzt auch in der Schweiz wohnt.

KRACHT: In Montreux, glaube ich.

BESSING: Ja, gewiß, dort, und der mit seinem sehr gewöhnungsbedürftigen Äußeren nicht recht zu den Schweizern passen will, wobei, er will natürlich schon, aber er scheint nicht zu passen. Er selbst hat ja behauptet, ganz direkt natürlich in der Tradition von

Sun Ra, daß die schwarze Arche eines Tages kommen wird, um all die *dislocated* Völker aller Erde zurück zum Heimatplaneten zu bringen. Ist die Schweiz das neue Zion?

KRACHT: Ja, das ist so. Um die Schweiz herum ist Babylon, und die Schweiz selbst ist Zion, the kingdom of Jah, the Mothership, die Arche eben. Der äthiopische Kaiser Haile Selassie, der ja Lee Scratch Perry nicht unähnlich war, hat zu Recht die Schweiz einmal als ein Energie-Suppositorium beschrieben.

BESSING: Aber ist dann dieser Unterhöhlungs- oder dieser Untertunnelungsprozeß, der von diesen von außen wie Holzwürmer eindringenden und die Ader durchbohrenden Einzelpersonen betriebene Prozeß, nichts anderes als ein normaler Transzendenz-Prozeß, daß die Schweiz nun quasi abheben soll, daß sie sich heben soll vom Boden des Restes der Welt? Und ist denn das, was die Schweiz gerade erlebt, nichts anderes als das, was im Inneren des Fullerschen Hitzekraftwerkes geschieht, dieser Turm, dieser Wirbelwind, der die Schweiz erfaßt?

KRACHT: Ich weiß nicht ...

BESSING: Wie kam es eigentlich dazu?

KRACHT: Da muß ich etwas ausholen – es war so, daß viele Freunde von mir, die in Appenzell Innerhoden wohnen, mir erzählt haben, daß dort der Nachbarshund auf den Bauernhöfen der Menschen das ganze Jahr gemästet wird. Also man wirft ihm Würste zu und schöne Pralinen und Fischstückchen, und kurz vor Ostern wird der Nachbarshund genommen – man sagt auch „Osterhund" dazu, eben wie „Osterlamm" – und gebraten.

BESSING: Wieso denn der Nachbarshund? Wieso nicht der eigene Hund?

KRACHT: Der eigene Hund bedeutet einem halt so viel. Der ist einem natürlich inzwischen ans Herz gewachsen. Und der Nachbarshund ist eben natürlich nur der Nachbarshund. Und das ist auch ein bißchen, wenn ich das jetzt so sagen darf, ein schönes Bild für den kleinen Fehler der Schweiz.

BESSING: Ich habe immer das Gefühl, die Schweiz braucht nichts, ist gewissermaßen autark.

KRACHT: Stimmt. Die Schweiz ist autark. Auch klimatisch?

BESSING: Klimatisch liegt die Schweiz sehr risikoreich. Und so autark auch wieder nicht, nicht so autark auf jeden Fall, wie es für sie wünschenswert wäre. Ich erinnere mich an Urlaube in Leukerbad, wo der Schnee plötzlich diese rote Färbung bekam, von dem herübergewehten Sand aus der Sahara.

KRACHT: Na gut, im Wetterbereich ist vielleicht eine gewisse Abhängigkeit da.

BESSING: Das Wetter bleibt riskant. In „Der Mensch erscheint im Holozän" beschrieb Max Frisch den Einzug einer Schlechtwetterfront ins Tessin und wie dann eine massive Schlammlawine diesen Ort vom Rest der Schweiz abschneidet. Schon der Versuch eines Mannes, der, glaube ich, 71 oder 72 Jahre alt war, diese Abgeschnittenheit zu überwinden, führt bei Frisch direkt zum Hirnschlag des Alten.

KRACHT: Ich habe Max Frisch ja leider nie gelesen.

BESSING: Ich arbeite mich jetzt langsam an ihn heran. Durch sein Werk hindurch.

KRACHT: Wirklich?

BESSING: Ja.

KRACHT: Frisch ist mir leider völlig fremd geblieben. Auch Adolf Muschg – diesen Namen hörte ich übrigens neulich zum ersten Mal, in der Kronenhalle in Zürich, aus dem Munde dreier schlecht gelaunter und schlecht rasierter Transvestitinnen, die für verschiedene Schweizer Zeitungen Kolumnen schreiben –, auch Adolf Muschg ist sicher nicht jemand, durch dessen Werk ich gerne hindurchfahren möchte. Aber noch einmal zurück zur Schweiz. Wird die Schweiz deiner Meinung nach bedroht?

BESSING: Ich bin kein wirklicher Schweiz-Kenner. Ich kann nur sagen, daß ich sehr gerne beruflich und auch in meiner Freizeit in die Schweiz fahre. Und ich bekomme dort immer wieder den Eindruck, auch in Nebenmomenten, daß es dort eine Bedrohung geben muß. Anders ist mir die Schweiz gar nicht zu erklären. Also ich erinnere mich zum Beispiel an einen Moment, just neulich –

unsere Flitterwochen verbrachten wir doch im Tessin: Nun, es gibt dort in Lugano diesen Platz, ich glaube, es ist die Piazza di Reforma, auf der ich einen Tee trank. Und auf einmal marschierten 300 schwerbewaffnete Soldaten auf und fingen dort an zu exerzieren; es war Sonntag!

KRACHT: Waren das italienische Soldaten?

BESSING: Möglich. Woran erkenne ich das? Und was die Soldaten sich zugerufen haben, das hätte schon auch ein sehr verwaschenes Schweizerisch sein können.

KRACHT: Oder Italienisch. Hmm. Mal sehen. Kannst du die Uniformen etwas näher beschreiben?

BESSING: Es war ein unglaublich verwaschenes Camouflage! Immer wieder rotgrundig – wahrscheinlich auf Grund des Laubwaldbestandes im Tessin, aber dann auch mit diesen lochschwarzgrünen Flecken, die ja so gut mit dem dortigen Zypressenbestand zusammengehen. So wurde jedenfalls exerziert auf diesem Platz in Lugano ...

KRACHT: Und diesen Vorfall willst du jetzt als Beispiel verstanden haben, daß die Schweiz von Italienern bedroht ist.

BESSING: Schon, schon! Die Bedrohung leite ich gerade davon ab, daß sogar und auch am Sonntag exerziert werden muß! Und dann gibt es ja, wie jeder weiß, der wie ich seine Kinderzeit wandernd in den Walliser Alpen verbringen durfte, auch diese Türen in den Bergen, wohinter sich die Schweizer Artillerie, den Ernstfall erwartend, dann hervorstechend, verbirgt. Aber Christian, für dich als Schweizer hinter ganz anderer Tür: Wie ist das denn, wenn ein Mensch wie Tyler Brûlé, ein, glaube ich, Frankokanadier und sogenannter Stylist – wenn so einer von euch Schweizern eingeflogen wird, um für sehr viel Geld die berühmte Schweizer Fluglinie zu retten, indem er dann aber lediglich ihr Äußeres verändert? An der Hülle herumdoktert!

KRACHT: Na ja ...

BESSING: Warum schaffen das die Schweizer nicht aus eigener Kraft?

KRACHT: Ich glaube, man muß dabei verstehen, daß früher – avant-Brûlé – die Swissair sich selber ganz extremst ins Aus stilisiert hat, indem sie die Uniformen von Colani entwerfen ließ. Und dann wurde an Bord alles nur noch auf der Grundlage von schrundigem Biogemüse gekocht. Und es gab jederzeit sieben verschiedene Werbekampagnen für Swissair, die von 28 verschiedenen Agenturen gemacht wurden. Dummerweise wurden dann auch noch die polnische Airline LOT gekauft und TAP, also alles eher diffuse, nicht wirklich metaphorisch wertvolle Marken. Wir Schweizer haben vielleicht das Problem, daß wir das alles auch nicht aus eigener Kraft erkennen können.

BESSING: Heißt das nicht: Sobald sich die Schweiz zu öffnen beginnt, stirbt ein Teil von ihr.

KRACHT: Absolut. Die Schweiz ist ein völlig geschlossenes System. Und sobald dieses System aufgebrochen wird, löst es sich sofort auf. Der Todesstoß kam ja in Form des jetzt stattfindenden UNO-Beitritts. Das war gewissermaßen der Anfang vom Ende.

BESSING: Also, die Schweiz kann nur existieren unter einer Glasglocke, wie in diesem kugelförmigen Betrachtespiel für Kinder, in dem es immer schneit.

KRACHT: Ja, genau.

BESSING: Wir haben vorher über Colani geredet. Als Deutscher stehe ich Colani selbstverständlich nicht unkritisch gegenüber. Hat er sich nicht auch schon für einen Schweizer ausgegeben?

KRACHT: Ich glaube, ja. Es gibt ja viele Menschen, die sich als Schweizer ausgeben, ohne es auch zu sein.

BESSING: Ist die Schweiz denn überhaupt dieser große Identitätsspender oder nicht eher ein potenter Verwischer?

KRACHT: Nun gut, es gibt ja viele Menschen, die im vergangenen Jahrhundert ihre eigene Historie aufgegeben und sie durch eine Schweizer Historie ersetzt haben. In dem Sinne sollte man schon vom Verwischer sprechen.

BESSING: Hesse!

KRACHT: Lenin, Einstein, Balthus, Kandinsky, John Le Carré.

BESSING: Unzählige eigentlich, wenn man erst mal in dieses Nachdenken hineinkommt. War Frisch eigentlich noch gebürtiger Schweizer? Ich glaube, Frisch war ursprünglich ein Österreicher. Wie Handke.

KRACHT: Vielleicht, das weiß ich jetzt nicht. Aber laß uns doch einmal das Schweizersein definieren.

BESSING: Also gut: Ist man Schweizer auf Grund der Geburt oder ist es auch ein ...

KRACHT: Also, der Frankokanadier Tyler Brûlé ist ja jetzt nun gewissermaßen Schweizer geworden.

BESSING: Ja gut, er hat sich ja konsequent dort hingeschrieben. Die Gründung von „Wallpaper" erfolgte ja nur mit dem privaten Hintergedanken, Schweizer zu werden. Dieses ständige Hochjubeln von Schweizer Produkten!

KRACHT: Und auch diese öffentliche Anbetung des Schweizer Passes, der ja mehrere Jahre lang in jedem „Wallpaper" abgebildet wurde.

BESSING: Seitenlange Strecken über Ricola Kräuterzucker, die ja, glaube ich, aus Finnland stammen ...

KRACHT: Zumthor hat er zum Großgott befördert – einen Vorarlberger ...

BESSING: Und jetzt also diese Swiss. Das finde ich öd.

KRACHT: Das ist auch gut so. Denn mit dieser müd-ironischen Modernisierung ist die Swiss wieder dort angekommen, wo sich die Swissair zu ihrer Hochzeit befand – zwischen 1965 und 1978. Also exakt in den Jahren, bevor die Unterbäuche der Flugzeugflotte mit jener braunen Farbe bestrichen wurden.

BESSING: Die Swissair damals, das hatte ja etwas geradezu Unbeflecktes, Mädchenhaftes, das war reines Begehren. Aber die Frage ist doch, ob man das jetzt, nur mit den Veränderungen der Hülle wieder erreichen kann. Die Frage bleibt doch, wo ist die Swissair-Seele hingekommen? Wie sehen das denn die Schweizer? Lieben die Schweizer Brûlé?

KRACHT: Nun, ich glaube, wir sind Brûlé gegenüber eher skeptisch. Das sieht man ja auch daran, daß er seit über einem Jahr eine Wohnung in Zürich-Seefeld sucht, sehr viel Geld für die Miete aufbringen könnte, aber einfach nichts findet. Die Schweiz läßt ihn nicht herein, sozusagen.

BESSING: Und das Schweizer Selbstbewußtsein? Hat das in den letzten Monaten nicht gelitten?

KRACHT: Das glaube ich nicht. Das Unglück von Zug, Gotthard, den Niedergang der Swissair, das alles zu vermengen als Allegorie auf das Ende ist ja unpatriotische, meistens deutsche Propaganda gegen die Schweiz. Meistens verbreitet von Urs Widmer im „Focus“.

BESSING: Ich glaub, die Schweiz hat überhaupt keinen Fehler. Das ist ja vielleicht ihr einziger Fehler. Es schmeckt mir einfach alles sehr gut in der Schweiz. Ich erinnere mich auch sehr gern an die „Schüblig". Das waren etwa armlange, sehr deftig durchgegrillte ...

KRACHT: Schüblig?

BESSING: Ja, diese Würste.

KRACHT: Schüblig sind doch eigentlich eher so, wie man in Deutschland sagt, Semmeln?!

BESSING: Aber wir hatten doch zu diesen – von mir aus Schüblig – diese deftigen Würste in der Kronenhalle, nein, in der Marktstube ...

KRACHT: Nein, in der Kronenhalle!

BESSING: Nein, in der Rathaus...

KRACHT: Ach, diese Würste. Nun gut. Du bist also kein Schweizfeind.

BESSING: Nein, überhaupt nicht.

KRACHT: Unter Todesstrafe müßtest du wählen, ob Österreich oder die Schweiz verschwinden würde. Was würdest du dann wählen?

BESSING: Immer Österreich.

KRACHT: Also, Österreich sollte verschwinden, und die Schweiz dürfte bleiben. Warum?

BESSING: Ich glaube, so würde jeder gesunde Mensch entscheiden.

KRACHT: Was würdest du eher verschwinden lassen: Deutschland oder die Schweiz? Du könntest auch deine Lieben retten.

BESSING: Die Bundesrepublik, darauf könnte ich verzichten.

KRACHT: Also ist die Schweiz für dich schon eine Art utopischer, erhaltenswerter Zustand.

BESSING: Für mich ist die Schweiz absolut eine Heimat.

KRACHT: Aber jedes Mal, wenn du dort bist, stöhnst du doch immer ...

BESSING: Ja, unter der Last des deutschen Gepäcks, das ich mit mir bringe, aber wenn ich das endlich abwerfen könnte und mich endlich ganz erlöst in die Arme der Schweiz fallen lassen könnte. Neulich war ich in Bern zu einer Lesung eingeladen, ich glaube, es war sogar mit dir, und dort kam nachher der Kulturminister auf uns zu und bot uns diese Wohnung umsonst an, wenn wir doch nur dablieben.

KRACHT: Es war nicht eine Wohnung, es war eine Villa, und da war das Angebot, Stadtschreiber von Bern zu werden ...

BESSING: Genau. Und solcherlei ist mir in siebenjährigem Schaffen in Deutschland nie angeboten worden. Diese Anerkennung meine ich. Diese Aufrichtigkeit, dieses Mir-gegenüber-Treten auf Augenhöhe. Deshalb immer und nicht nur im Zweifelsfall – die Schweiz. Das sehen weltweit alle Künstler genauso oder ähnlich.

KRACHT: Die Schweiz soll dir ja dereinst auch Heimat sein. So, wie sie alle anzieht, die sich anderswo gestraft fühlen und unglücklich, so wie Tyler Brûlé ...

BESSING: ... in seinem kanadischen ...

KRACHT: ... Holzfällerbottich ...

BESSING: ... oder Sibylle Berg ...

KRACHT: ... die vielleicht kommen und etwas am Gesamtbild neu anstreichen dürfen und es dadurch bereichern, und dann werfen wir sie wieder heraus. Außer Colani, der ja kein Schweizer ist. Der darf bleiben. Und du.

BIENEN AUF DEM KUCHEN

Fragment einer Erzählung / 2002

An der Autobahnausfahrt Kagbeni schob ich mir die Gletscherbrille in die Stirn, drehte mich rasch nach hinten und sah es zum ersten Mal, aus den Augenwinkeln.

„Da sind Bienen auf dem Kuchen."

„Hier oben gibt es keine Bienen", sagte Kreisler und schlief wieder ein. Er schnarchte leise. Es war ein Morgen aus Glas, an dem alles schmerzt, so schön war er anzusehen; die Sonne stand schon hoch, ich sah trotzdem noch unseren Atem in kleinen Rauchwolken vor uns aufsteigen, gegen die kalte Windschutzscheibe schweben und als Kristalle langsam wieder zu Boden rieseln.

Die Heizung des Käfers war lange ausgefallen, wir hatten uns hellgraue Militärplaids über die Knie gelegt, es war Herbst, schon spät im Oktober, das Ende des Mischwaldes hatten wir bei Tatopani erreicht, dort hatten wir gestern abend die Affen verscheucht und in den heißen Quellen gebadet, nun zogen links und rechts nur Apfelbäume vorbei, Kies und Schotter, hydroponische Salathäuser, Frauen in bunten Gewändern trieben Ziegen vom Rand der Autobahn, es war wie vor hundert Jahren.

„Kreisler, wach auf.“

„Hmmm“, machte Kreisler und schlief weiter.

Eine Hand am Steuer lassend drehte ich mich wieder um und beobachtete den Kuchen auf der Rückbank. Es war ein teurer Kuchen; eine Schokoladentorte, auf deren Ersatzzuckerguß, der durch die Höhe den Anschein von brauner cremiger Schmiere angenommen hatte, mehrere Bienen saßen. Der Motor des alten VW Käfers machte fürsorgliche, spuckende Geräusche, die dünne, sauerstoffarme Luft hier oben, ganz ähnlich wohl den Hubschraubern, die nur bis zu diesem Punkt fliegen konnten, nicht höher, da die Rotoren nichts greifen konnten, keinen Sauerstoff mehr, zu dünn, so ähnlich funktionierte wohl das Prinzip des Käfermotors. Gelber Käfer. Hybrider Verbrennungsmotor. Schläfrige Bienen. Wir hören Stimmen aus den Weiten des Alls. Jede ergab, einzeln für sich, einen Sinn.

Eine Biene flog vom Kuchen hoch, durchtrennte die Membran zwischen Rückbank und Vordersitz und schwebte, verharrend, vor meinem Gesicht. Ich hatte damals eine Allergie und große Angst, gestochen zu werden, und versuchte erst, sie wieder durch die Membran zu stoßen. Als es nicht gelang, fuhr ich einfach weiter geradeaus, ohne Angst, auf der Autobahn Kathmandu-Bischkek. Die tiefste Schlucht der Welt zog links und rechts vorbei, die Kali Gandaki.

Es war noch sehr weit bis Shue Kailash, ich hätte lieber den Kurzjet nehmen sollen, die Kinder waren schon vorgeflogen, ich war inzwischen bei 1050 Centigramm Vitamin C am Tag, was sicher zuviel war, konnte man sagen. Der Trepanationsarzt in Kalkutta hatte die Bohrung bei vollem Bewußtsein vorgenommen. In Kalkutta gab es die besten Spezialisten, hatte man mir gesagt, das RAM Zentrum, der Ultrasound, der vierte chinesisch-indische Krieg, ich dachte daran, Kreisler schlief weiter, die Luft wurde immer dünner, und die Biene hielt sich in der Luft neben mir wie ein summender, schwirrender Hubschrauber.

Das Einkaufszentrum Mustang-Lo Mantang zog rechts vorbei, eine Filiale der Kette „Le Café Chinois". Es gab nur alle 200 Kilometer eine, aber das war dann auch bitter nötig, endlich: Grande Lowfat Triple Latte. Zwanzig Stockwerke unter der Erde wurde hier Meth gebacken, für die Arbeiter der unendlichen Fabrikenstädte im Norden, im Osten, in China.

DER GESANG DES ZAUBERERS

Erzählung / 1999

¿le gusto esto jardin? ¡Evito que sus ijos lo destrujan!
Malcolm Lowry, Unter dem Vulkan

Ah, endlich. Es ist schon spät, wissen Sie, und ich bin hundemüde. Ich habe gewartet. Als die Türglocke endlich schellte, wollte ich eigentlich nicht mehr aufmachen. Ich habe keine Lust mehr, mich mit Ihnen zu treffen, obwohl es für heute abend ausgemacht war und Sie ja vor einer Stunde schon mal an der Tür waren und ich zweimal nicht aufgemacht habe. Nicht, weil ich nicht darüber reden will, sondern weil ich müde bin und lustlos. Ich fühle mich alt. Aber klingeln Sie ruhig. Und kommen Sie herein.

Kommen Sie, kommen Sie. Hier ist ein Drink, nehmen Sie bitte. Sie sind noch jung, und Ihr Auftreten verrät mir ein bißchen Ihre Unsicherheit. Lieber Freund, wenn das Alter und die Fäulnis einen etwas lehren, dann ist es die Gastlichkeit. Und die Höflichkeit, natürlich. Also, nehmen Sie noch ein Getränk. Laufen Sie durch die Wohnung. Tun Sie so, als sehen Sie sich meine Bilder an. Es ist nichts.

Oh, Sie riechen ja nach Mandeln.

Ich würde Ihnen gerne den Cy Twombly erklären, aber Sie hören ja nicht hin. Macht nichts, müssen Sie nicht. Ihr Blick bleibt an meinem DeKooning hängen. Sie tun interessiert, Sie nehmen einen Schluck, Sie treten zurück und gehen wieder auf das Bild zu, als wollen Sie es prüfen.

Es war ja so, wissen Sie, daß die Zukunft, oder das, was ich damals dafür hielt, sich mit diesem Satz umschreiben oder zumindest ausloten ließ, den man auf den Toiletten der Züge lesen konnte. Er war knapp unterhalb der Fenster aufgeklebt, auf einer Art Abziehbild: *Voglio lasciare questo posto nello stato in cui lo vorreste trovare – Grazie,* stand dort.

Dies war in äußerst antiquiertem Italienisch abgefaßt, wie ich natürlich damals annahm, ohne daß ich auch nur einen klaren Satz oder Gedanken auf italienisch überhaupt hätte formulieren können. Es schien mir damals, wie gesagt, antiquiert, ohne daß ich es hätte beweisen können.

Damals gab es natürlich noch den Trans-Europa-Expreß, wissen Sie, den ich einmal von Mailand nach Zürich nehmen durfte, diesen silbernen, im Inneren silber vernieteten Zug, der außen rot war, rot mit weißen Streifen. Ich saß im Speisewagen, draußen rauschte das abendliche Tessin vorbei, und ich trank irgendeinen Weißwein aus Wallis, für achtzehn Schweizer Franken.

Heute denke ich so über Wein wie über Italienisch: Ich kenne mich damit nicht aus, und es interessiert mich auch überhaupt nicht, weder Wein noch die italienische Sprache.

Sie glauben, ich flüchte mich gleich zu Anfang in Ästhetizismen? Seien Sie still, mein Freund, hören Sie zu. Setzen Sie sich auf den Sessel dort. Den beigefarbenen, neben der Lampe. Soll ich präziser erzählen? Was genau paßt Ihnen nicht?

Sie sagen nichts. Sie sehen auf den Fußboden hinunter. Es muß Ihnen nicht leid tun, Sie haben mich nicht unterbrochen. Sie sind ja noch so jung. Kommen Sie, ich schenke Ihnen nach. Ein ganzes Glas? Rauchen Sie ruhig, hier ist ein Aschenbecher. Er ist aus Bergkristall. Ich habe ihn für sehr viel Geld auf der Rue Catinat gekauft, in Saigon, Ende der 50er Jahre, vor Ihrer Zeit.

Ich versuche jetzt, in Ihrem Kopf zu sein. Nein, lassen Sie es doch zu. Sie sträuben sich ja. Sie verändern die Lage auf dem Sessel. Kommen Sie. Ja, jetzt. Jetzt geht es.

Mein Salon erscheint mir auf einmal sehr fremd, als würde ich ihn durch Ihre Augen sehen. Ich sehe, warten Sie, ich sehe einen alten Mann, der eine beigefarbene Strickjacke trägt, mit aufgerauhten Ellenbogen, fast löcherig. Sehen Sie, es funktioniert. Ich habe Angst. Über dem alten Mann hängt eine Radierung von

Beckmann an der Wand. Das Bild ist eigentlich sehr häßlich, die Figur ist verzerrt und fratzenhaft. Und jetzt, jetzt sehe ich in meine eigenen Augen, dort, unten in der Ecke des großen Spiegels, der über dem Kamin hängt. Und nun, wenn Sie wollen, erzähle ich Ihnen meine Geschichte.

Sehen Sie, ich mußte mich erst kennenlernen. Es brauchte Zeit. Ich lernte mich in Caracas kennen. Das heißt, nicht genau, zuerst beobachtete ich nur. Dort aber, dort fiel ich mir das erste Mal auf. *I was beholden to him*, wie die Amish sagen, wenn Sie einmal Englisch reden müssen. *I was beholden to me*, ich war mir vorbestimmt, in Caracas also. Einmal um den halben Erdball herum.

Sie verändern schon wieder Ihre Lage auf dem Sessel. Bitte bleiben Sie still sitzen, ich mag das nicht. Ich mag die Vorstellung nicht, nachher, nachdem Sie wieder gegangen sind, müßte ich den Sessel abwischen, mit einem feuchten Tuch. Respektieren Sie das bitte. Dafür bekommen Sie jetzt auch meine Geschichte.

Also, hören Sie, es war in einem Restaurant in Caracas, und ich kam herein mit dieser Marke um den Hals, die jeder sofort sehen konnte. Auf diese anachronistische Marke war ich sehr stolz. Wir hatten ja damals alle noch Lasertätowierungen. Ja, das wissen Sie.

Und dann gab es einmal, weit davor noch – wenn Sie mir jetzt trotz Ihrer Jugend folgen können –, ganz zu Anfang diese Marken. Irgendwann wurde es schick, als es dann die Lasertätowierungen gab – die natürlich wesentlich weniger umständlich waren –, sich mit einer alten Marke auszuweisen, die man um den Hals tragen konnte. Es war eine erschlaffte Geste, es war affektiert und durchschaubar, aber es war immerhin noch eine Geste. Es hatte eine eigene Logik, auch wenn es keinen wirklichen Stil hatte. Es war höchstgradig berechnet, aber das Erkennen dieser Berechnung half mir. Ich konnte mir dadurch sagen: Da bin ich. Ich weiß, wer ich bin.

Sie machen sich ja keine Notizen, junger Freund. Erst jetzt fällt mir das auf. Wahrscheinlich haben Sie irgendwo am Körper ein Aufnahmegerät versteckt. Diese Vorstellung, verzeihen Sie mir, diese Vorstellung ekelt mich; die Maschine neben dem Fleisch. Die Steckdose in der Achselhöhle, zwischen den Körperhaaren versteckt, wie die Schnauze eines Schweins. Ich kann ihre zwei Löcher sehen, aus denen der Strom hinausfließt, glauben Sie mir.

Weiter? Ja, natürlich weiter. Sie sollen es hören, deshalb sind Sie gekommen.

Gut. Ich setze mich also in Caracas in dem Restaurant zu dem nervösen Portugiesen an den Tisch. Er heißt da Silva. Wir fingen sofort an, miteinander zu sprechen. Nein, ich redete auf ihn ein. Er hatte Angst. Ich fühlte die Angst, ich sah sie genau, die Angst, wie ein gelbes Feld um ihn herum. Wie Ihre Angst, mein Freund. Ich fuhr mir dabei – und das ist meine erste Erinnerung, meine erste gefühlte Erinnerung an mich – mit der Hand über den Schädel. Es sah so aus, als streichle ich mir die raspelkurzen Haare, als streichle ich mir den Kopf, mit einer versteckten, nie gekannten Zärtlichkeit.

So sah ich damals aus, wissen Sie. Ich trug grundsätzlich nie Socken, und ich rauchte pausenlos Attika. Ich trug meine Haare sehr kurz, ich ging zweimal in der Woche zum Haareschneiden. Jeden Dienstag und jeden Sonnabend ging ich zu einem kleinen Friseur in der Calle San Martin. Außer der Marke um den Hals, die ich mit wirklich sehr schlecht gespielter Verachtung trug, besaß ich keinen Schmuck. Keine Armbanduhr, keine Manschettenknöpfe und keinen Ring.

Können Sie mir noch folgen? Wir sind in Caracas. Bitte konzentrieren Sie sich jetzt. Es ist ein deutsches Restaurant. Ich war zum Abendessen dort. Ich redete auf den armen Portugiesen ein, auf da Silva, dem ich später mit einer Glock in den Mund schießen sollte aus nächster Nähe, *pobre diablo*. Eine Glock, wissen Sie, das ist eine österreichische Waffe aus Hartplastik. Es spritzt, wenn man hineinschießt, der Kiefer löst sich auf.

Mein junger Freund. Sie halten sich die Hand vor den Mund. Haben Sie sich in die Unterlippe gebissen? Warten Sie, ich suche in meiner Strickjacke nach Zigaretten. Ah. Ich habe keine mehr. Halten Sie mir Ihre Packung hin, seien Sie so gut. Danke.

Sehen Sie, das Licht ist ausgegangen. Es ist einer dieser vollkommen sinnlosen Stromausfälle, die einzelne Stadtviertel im Dunkeln versenken, damit andere mit Strom versorgt werden.

Geben Sie mir ein Streichholz. Halten Sie es mir hin. So. Danke. Hören Sie zu: Das Restaurant war mitten in Caracas. Es hieß Nürnberger Gaststube, und es war eines dieser Restaurants, die es zumindest im protestantischen Teil Deutschlands nicht mehr gibt, wenn es sie denn je dort gegeben hat. Die Wände waren mit *faux* Fachwerk beklebt, und auf der Menükarte gab es Bier vom Faß und Jägerschnitzel mit Spätzle und Sauerkraut, *Tipo Hunter*. Die Klimaanlage blies eiskalte Luft durch den Raum, und die Ekken der rot-weiß karierten Tischdeckchen wirbelten hin und her, so windig war es da drinnen. Draußen regnete es. Trotzdem war der Himmel klar, und man konnte die Sterne sehen. Es gab nur wenige Wolken, aber die waren dick, schwarz, schwärzer als der Nachthimmel, und mit Wasser gefüllt.

Ein Kellner rannte hin und her, kein Deutscher. Deswegen arbeitete er so schnell. Er hatte Pockennarben im Gesicht, und außerdem hatte er Angst, eine unbestimmte Angst, einer der alten Nazis, die hier seit 40 Jahren ihr Schnitzel aßen, könnte sich bei Eduardo über ihn beschweren. Der Kellner stellte die Bierkrüge hin und nahm Bestellungen entgegen: Preßwurst rot-weiß, Käsespätzle, Kassler, Sauerbraten, Schweinsfüße, alles katholische Gerichte. Die Schweinefüße aß eigentlich nie jemand, die hatten sie nur so auf der Karte.

Die Deutschen hier in Caracas waren so weit und so lange von Deutschland weg, daß sie die ekelhaften Sachen nicht mehr bestellten und erst recht nicht mehr aßen. Das Verlangen war nur noch auf Speisen ausgerichtet, die an Deutschland erinnerten, ohne im Gaumen anstößig zu sein.

Einmal Rindsroulade für Herrn und Frau Kreuzkamp an Tisch vier. Sie hießen jetzt Cruzcampo, nicht viel Mühe gegeben, die beiden. Und dort drüben, an meinem Tisch, genau unter der ratternden Klimaanlage, bekam Senhor da Silva ein Bier vom Faß und einen Williams.

Glauben Sie mir, er hätte gerne einen schönen Vinho Verde gehabt – einen Casal de Garcia, zumindest aber einen Mateus-Rose, aber jetzt blieb er beim Bier. Da Silva lebte seit einiger Zeit in Caracas. Er haßte Südamerika. Vor allem aber haßte er die Deutschen überall und ihr fettiges Essen und erst recht ihre dicken aufgeschwemmten Gesichter und ihren Bierdurst, als würden sie sich alle nur von Bier ernähren, wie schleimige, fette Schnecken.

Ich trug damals Kontaktlinsen. Da Silva konnte sie sehen, wenn ich meine Augen zur Seite drehte, und ich konnte sehen, daß da Silva es sah. Es war eine Art Aufsatz bei mir im Auge, eine unnatürliche Scheibe, ein verschwommenes Schimmern. Ich fragte ihn, warum wir uns hier träfen. Ob er denken würde, alle Deutschen amüsierten sich so, in so einem grauenvollen Restaurant mit Tierabfall auf der Speisekarte. Da Silva trank einen Schluck und stellte das Bier vor sich hin, auf die rot-weiß karierte Tischdecke. Er sagte zu mir, wir könnten ja woanders hingehen, wenn ich wollte. Soviel zu Senhor da Silva. Das war sein Todesurteil, sein Genickschuß. Nur wurde ihm ja in den Mund geschossen, das habe ich schon erzählt, *pobrecito*.

Mein lieber Freund, es ist schwierig, wenn Sie nicht genau zuhören. Warten Sie, ich zünde ein paar Kerzen an, ich habe welche im Haus. Seien Sie so nett, greifen Sie in die Schublade des

Fayencetisches neben sich, dort liegen sie. Ja, diese. Die sind aus Talg.

Ah, jetzt ist es wieder hell, danke. Die Entscheidung kam mit der morgendlichen Post, um kurz nach zehn, zusammen mit den Zeitungen von vorgestern. Ich blätterte bis kurz vor zwölf in der Süddeutschen vom Mittwoch, ließ mir dann ein Bad ein und rauchte vielleicht drei Attika, solange, bis die Badewanne voll war. Ich warf die letzte Zigarette in die Toilettenschüssel, zog meinen Schlafanzug aus, griff mir um den Hals, streifte die Marke ab und legte sie vorsichtig neben das Waschbecken.

Dann stieg ich in das heiße Wasser. Unter meinen Fingernägeln war noch etwas von da Silvas schwarzer Kruste von gestern abend, aber sie löste sich schnell auf. Der Schaum war angenehm, wie immer. Ich ließ ihn zwischen den Fingern hin- und hergleiten, und ich spürte, wie sich meine Muskeln entspannten und wie der Rücken anschließend weich wurde. Es knackte ein paarmal in der Wirbelsäule.

Ich fing an zu summen, und ich dachte daran, daß alle Männer in der Badewanne singen und summen. Erst summte ich *Brasil* und dann *Quando, Quando, Quando*. Dann griff ich nach dem Handtuch, trocknete mir die Hände ab und zündete mir noch eine Attika an. Ich schob die rechte Hand in den Nacken, lag also in der Badewanne herum und betrachtete meine Zehen.

Ich sog den weißen Rauch ein, atmete wieder aus und beobachtete, wie die grauen Schwaden zur Decke zogen. Der Rauch, der aus meinen Lungen kam, war grau, und der Rauch, der sich von der Spitze der Zigarette schlängelte, war blau. *Qui sas, qui sas, qui sas,* summte ich.

Die Attika ließ ich mir aus Deutschland schicken. Eigentlich fand ich diese Marke abscheulich, aber inzwischen hatte ich mich an den holzigen, billigen Scheißgeschmack gewöhnt. Ich dachte kurz daran, daß ich ja eigentlich auch Belmont Doble Filtro rauchen könnte – Extra Suave, so wie es auf der großen Werbetafel auf dem Weg vom Flughafen in die Stadt stand, oder vielleicht Marlboro Lights, weil mir die Attika überhaupt nicht schmeckten, aber die Zigarette erinnerte mich an zu Hause, an Deutschland, an leckere Würstchen mit Senf und an große, gut gezapfte Warsteiner.

Ich war damals vierundvierzig Jahre alt. Ich war kein Beschaffer. Ich war der Umpacker, der Umtauscher. Kokain gegen Geld gegen das Nervengift Sarin. Ich wohnte in einem angenehmen Haus in San Bernadino, im besten Bezirk von Caracas, in Venezuela. Ich saß oft wochenlang in meinem Haus herum, lag in der Badewanne, piesackte die Reinemachefrau und wartete. Und zwar wartete ich auf einen Telefonanruf, der mich hierhin und dorthin bestellte.

Na jedenfalls: Wenn jemand anrief und auf deutsch fragte: „Haben Sie die Herald Tribune bestellt“, dann hieß das Cartagena, in Columbien. Fragte jemand die gleiche Frage auf spanisch, dann bedeutete es, daß ich nach Merida fliegen mußte, in Mexiko.

Es gab einen sehr einfachen Code. Asahara, der Meister selbst, hatte sich ihn ausgedacht, er galt für alle. San Salvador war dabei und Panama City und La Ceiba in Honduras. Andere machten die Route nach Medellin oder Cali, ich mußte nie dorthin. Erstens war ich kein Handlanger, kein armseliger Gringo, der für zweitausend Dollar eine Route macht mit einem sauber vertüteten Päcklein im Darm, weil er sonst nichts mit seiner Zeit anzufangen weiß. Und zweitens war es gefährlich, an die erste oder zweite Quelle zu fliegen. Schon Cartagena war gefährlich genug. Es war für mich genauso gefährlich, wie nach Puerto Rico oder nach Miami zu fahren. Eine Kreditkartenabrechnung, ein Taxifahrer, der sich an mich erinnerte, hätte schon gereicht, ich wäre meinen Job los, und irgendwo an einem US-Flughafen würde die DEA auf mich warten und mich zum Reden bringen, und dann wäre ich schon tot.

Ich hatte die Mittelstädte, so wurden sie von Asahara genannt. Es gab für mich nichts weiter zu tun, als einmal im Monat einen Koffer in Cartagena oder sonstwo in Empfang zu nehmen und damit – *andale* – einen Linienflug nach Mexiko zu nehmen. Dort wurde dann der Koffer ausgetauscht, meist von einem Zimmer zum anderen, die auf zwei verschiedenen Fluren eines großen amerikanischen Hotels lagen. Das Hotel muß natürlich bar bezahlt werden. Und dann brachte jemand den neuen Koffer, den mit den Sarinampullen, und diesen nahm ich und brachte ihn eben nach Panama. Und dann flog ich wieder nach Hause, in der Badewanne in Caracas liegen, die Putzfrau ärgern. Und wissen Sie, was das Beste daran war? Sie hieß tatsächlich Maria.

Manchmal spielte ich mit Maria Dame, und wenn ich verlor, dann durfte Maria mir mit einer Nagelschere ein kleines Kreuz in den Arm ritzen. Andersrum natürlich auch, nur meistens gewann Maria. Das war alles. Das Geld ging über ein Konto von Tokio nach Jersey, anschließend nach Lugano und dann auf mein eigenes Konto auf Gran Cayman.

Über all dies dachte ich nach, während ich in der Badewanne lag. Ich hatte noch nie einen Koffer aufgemacht. Warum auch? Ich hatte Asahara, den Meister, noch nie betrogen, noch nie abgezweigt oder direkt mit jemand geredet. Ich war für alle anderen ein deutscher Vertreter für Halbleiter, der in Venezuela lebte. Wenn mich jemand, ein Zollbeamter vielleicht, auf Halbleiter ansprach, dann konnte ich ganz gut und vollkommen verwirrend und erst recht absolut langweilig darüber erzählen. Sollte jemand unterwegs meinen Koffer aufmachen, dann hätte er dort nichts gesehen als einen Haufen Halbleiter, zwei Paar Socken, Unterwäsche, vier Schachteln Attika, drei gebügelte und ein schmutziges Oberhemd, drei Fachbücher und einen Roman von Tom Clancy über U-Boote. Habe ich Ihnen schon erzählt, daß ich nie Socken trug?

Das Kokain war immer in meinem Handkoffer. Vier Kilogramm, achtundneunzig komma fünf Prozent, vierhunderttausend Dollar Marktwert, ungestreckt. In den Handkoffer hatte noch kein Zollbeamter sehen wollen. Nach dem Tausch lagen in meinem Handkoffer die vierundzwanzig Ampullen Sarin. Sie waren wie kleine, sichere Nacktschnecken. Ich hatte sie mit Velcro befestigt. An den Enden war das Glas mit einem Dreh versiegelt, es sah aus wie gebrannt.

Ich saß also in meiner Badewanne, zog an einer Attika und dachte nach. Das Badewasser wurde langsam kalt, und als ich mit dem Zeh an dem Heißwasserhahn drehte, klingelte es an der Tür. Es war der Postbote. Ich hatte gehofft, es würde Maria sein, weil ich eine Partie Dame spielen wollte, aber die Post war mir auch immer willkommen. Auf der Einladung stand: Senhor da Silva bittet Sie um ein Treffen. Ich sollte erfahren: Er wollte aus der Gemeinschaft Aum heraus. Der arme, dumme alte Mann hatte sich sein eigenes Todesurteil geschickt.

Wissen Sie, ich liebte dieses Umsteigen zwischen der eiskalten Wartehalle des Flughafens und der ebenso kalten Hotellobby. Dazwischen immer ein eisiges Taxi, das mich in einer klimatisierten Hülle von einem zum anderen fuhr. Es roch gut, immer etwas abgestanden und feucht zugleich.

Ich kaufte mir in Merida im Yucatan drei Hemden mit seltsamen Stickereien, und dann trank ich erst ein Corona auf der Plaza Hidalgo und dann noch eins und noch eins, und ich aß dazu das scharf gewürzte, salzige Popcorn, das der Kellner mir hinstellte, damit ich noch mehr trank.

Ich hatte noch nie im Leben so geschwitzt. Ich sah mich und mein dunkelgefärbtes Oberhemd, reflektiert in den Fensterscheiben des Busbahnhofs. Gott, wie ich Busse haßte. Und Schweiß. Fasziniert starrte ich auf die dunklen Flecken auf dem Hemd, nachdem ich es ausgezogen hatte. Ich hatte sie erst gar nicht bemerkt, als ich es im Restaurant noch trug, erst jetzt, beim Ausziehen und auf dem Bügel, sah ich sie: am Rücken einen riesigen

Fleck, der die Umrisse der Insel Hokkaido hatte, unter den Schlüsselbeinen auch einen, dort, wo der Brustkorb das Hemd berührt hatte, und vor allem im Kragen, der ebenfalls klitschnaß war.

In der Lobby des *Holiday Inn Cancun* – denn dort saß ich nun, ein Monat war wieder vorbei, ein Tausch wollte erledigt werden – stand eine große tönerne Urne in der Ecke. Sie wurde von einem Halogenstrahler von unten beleuchtet, so daß die kleinen Figuren auf der Urne äußerst bedrohlich erschienen, wie dunkle, kleine Götter, die im Kreis tanzten.

Hinter der Urne war ein Lautsprecher angebracht, und während ich noch auf die Figuren starrte, die sich tatsächlich zu bewegen schienen, ertönte aus diesem Lautsprecher *Quando, quando, quando*, gesungen von Julio Iglesias in der Aufnahme von 1975, danach *Qui sas, qui sas, qui sas*, und als ich schon dachte, das ganze wäre ein Scherz der kleinen Dämonen auf der Urne, die nur Lieder erlaubten, deren Refrain eine dreiteilige, immer gleichlautende Frage enthielte, sang Julio Iglesias ein neues Lied. Es hieß *Pobre Diablo*, und aus irgendeinem lächerlichen Grund bezog ich es erst auf die kleinen Dämonen und dann auf mich.

Plötzlich spürte ich einen Stich an meinem linken Knöchel, und ich schlug mit der flachen Hand danach, und als ich die Hand ansah, war sie mit rotem Blut bedeckt. In der Halle des *Holiday Inn Cancun* standen mehrere Neger und starrten mich an. *Una mas, Amigo?* fragte der Lobbykellner des *Holiday Inn Cancun*. Amigo. Amigo. Ich konnte es nicht mehr hören. Ich töte dich, Amigo, sagte ich laut und trank den schrecklichen Cuervo Gold aus.

Der Tequila brannte erst im Mund und dann hinten im Hals, dort wo das Zäpfchen hing, und deshalb trank ich noch einen Schluck auf die Amigos. In diesem Moment fiel mir Xavier Gonzales' Abschiedsrede auf Willy Brandt ein. *Adios, amigo Willy*, hatte der gesagt, am Schluß der Rede, mitten in der Frankfurter Paulskirche. Und ich saß dort und wäre fast vom Stuhl gefallen vor Lachen.

Das müssen Sie sich mal vorstellen, oder besser noch, gleich laut sagen: *Adios, amigo Willy*. So eine unglaubliche Ansammlung Arschlöcher. An diesem Satz kann man doch alles, alles ablesen. Willy Brandt und Xavier Gonzales und die ganzen verlogenen Mitglieder der Internationale, diese Schweine, diese Wortverdreher, die weder Sozialisten waren noch Demokraten noch sonstwas, sondern dreckige Schweine. Asahara hat recht gehabt, einen von ihnen hat er damals erwischt, nämlich Olof Palme, nachdem er aus den Scheißmemmenfilm *Mein Leben als Hund* herausgetapert ist in Stockholm. Paff. Paff. Diese Größe. Ich will es nicht entschuldigen, denn ich bin nun alt, aber bedenken Sie bitte: diese Größe. Es ist lange her.

Sehen Sie, es ist die Größe Yukio Mishimas, der Seppuku begeht. Es ist die Größe Andreas Baaders, kurz vor seiner Exekution. Es ist die Größe General McArthurs, der im Koreakrieg befiehlt, Nuklearbomben auf Nordkorea abzuwerfen. Und es ist auch die Größe David Koreshs, geopfert auf dem Altar der amerikanischen Demokratie. Das Bauerndorf, so hieß es im Vietnamkrieg, muß ausgelöscht werden, damit es gerettet wird, sehen Sie?

Schuld? Nun, schuld waren die kleinen Götter auf der Urne. Schuld war die reinliche Maria. Schuld waren die Deutschen in ihren lächerlichen bunten Hemden, eher in halbbunt, viel gedecktes Prune, Aubergine, Mauve und Petrol, weil richtig laute Farben wären ja amerikanisch und degoutant – diese Arschlöcher. Sie standen auf, lachten ein paarmal gekünstelt und einmal richtig laut, und dann gingen sie, *andale*, aus der Lobby des *Holiday Inn Cancun*, Mexiko, hinaus in die Nacht. Sie waren schuld, alle waren schuld.

Die Welt dreht sich, die Rasensprenger auf der Grünfläche vor dem Hotel – die nur nachts angestellt wurden, damit das Gras am Tag durch das Sonnenlicht, das milliardenfach durch Wassertropfen blitzt, nicht verbrennt –, die Rasensprenger drehten sich, oben zogen die Wolken immer schneller über dieses nächtliche Yucatan, und ich hatte das Gefühl der Geschwindigkeit wieder: Mein Gehirn raste, ich taumelte, und ich dachte an ein Riesenrad, das sich immer schneller drehte, bis die Farben und das Licht verschwammen, und ich wirbelte – oder war es mein Gehirn, das wirbelte? –, könnte aber auch sein, daß es nur zu viel Bier gewesen war, so richtig unangenehm viel Bier, wie im Riesenrad, wie in der großen Kuppel, im Firmament, in der schwarzen Sonne.

Und dort in der Lobby, bei Popcorn und Cuervo Gold und Bier fiel mir plötzlich ein, was zu tun war. Ich ging an die Rezeption, bezahlte meine Rechnung, nahm mir meinen Handkoffer mit den Sarinampullen aus dem Zimmer oben, Zimmer 34, dessen Tür nur mit einer Lochkarte aufzumachen war – nicht wie früher, als es noch ordentliche Schlüssel gab, die etwas wogen in der Hand oder in der Tasche –, lief vor das Hotel und setzte mich betrunken, wie ich war, in ein Taxi und fuhr zum Flughafen.

Ich hatte natürlich gelernt, meine Spuren zu verwischen, und zwar gründlichst. Es funktioniert, so dachte ich, es wird funktionieren, und eigentlich dachte ich gar nicht darüber nach. Ich kaufte mit meiner Kreditkarte einen Flug nach Houston und Vancouver, ging auf die Herrentoilette, zerriß das Ticket und spülte die kleinen Schnipsel in die Toilette. Dann ging ich wieder hinaus, trank an der Flughafenbar einen Kaffee, gab dem Kellner ein sehr großes Trinkgeld, damit er sich an mich erinnern würde, und kaufte mir anschließend mit Bargeld an einem anderen Ticketschalter einen Flug nach Miami.

Dann nahm ich einen Bus nach Mexico City. Ich warf das mit Bargeld bezahlte Flugticket aus dem Fenster des Busses, trank – in Mexiko City angekommen – auf der Plaza del Cruz ein paar Bier und nahm von dort die Nachtmaschine, nach New York. Das Flugzeug stand eine ganze Weile auf der Rollbahn. In der Maschine war es unerträglich heiß. Man hatte vergessen, die Lüftung anzuschalten. Ich hatte natürlich dieses Sauerstoffmangel-Frühwarnsystem, das mir ermöglichte, sofort einen körperinternen Alarm auszulösen, wenn während des Fluges der Sauerstoff heruntergedreht wurde.

Ich werde jetzt ein Bier trinken, sagte ich auf spanisch zu dem Mexikaner neben mir, und der Mann nickte und grunzte etwas zurück und fächerte sich mit einer gefalteten Spucktüte Luft zu. Dann hob das Flugzeug ab, und es flog über das dunkle, öde Mexiko, und als das Bier kam, ging die Lüftung an. Ich trank das kalte Bier, und der Schweiß hörte auf zu fließen.

Das Allerschrecklichste, das Abscheulichste, das von Grund auf Schlechteste überhaupt war dieser Videomonitor schräg über meinem Kopf, während ich flog. Diese monströse Karte, die in Dreier-Abständen, in abwechselnd großer, mittlerer und kleiner Auflösung, die momentane Position des Flugzeugs auf dem Globus darstellte. Diese endlose Perversion auf dem Monitor vor mir, der die Welt in den immer gleichen, mal braunen, mal grünen Farben darstellte, je nachdem, ob ich gerade über eine Gebirgskette oder über eine fruchtbare Ebene flog, auf der in endlosen Reihen unter uns Bauern mit braunen Gesichtern ihre Furchen über das Land gezogen hatten. Ob sie aufhören zu arbeiten dort unten, dachte ich, und nach oben starren, wenn der dunkle Schatten über ihre Felder schleicht, über ihren Rücken hinweg.

Ich wollte nicht daran denken, lieber nicht. Der Handkoffer lag auf dem Sitz neben mir, die vierundzwanzig Ampullen ordentlich in vier Sechserreihen gelegt, auf grünem Samt, mit Velcro befestigt. Ich wollte nur an diese sicher verlötete Blechschachtel denken, die, die in der Luft hing, zehn Kilometer hoch, zusammengehalten von kleinen Nieten und Dübeln, während ich dasaß und auf den Monitor starrte und alle schliefen und ich mir zum achten Mal die Holberg Suite von Grieg in die Ohren donnern ließ.

Irgendwann schaltete ich das kleine Bordlämpchen an und las im Bordmagazin der Delta (oder war es United? Ich erinnere mich nicht mehr, blättere zurück und sehe auf dem Umschlag des Heftes, daß es Delta ist), daß Sir Neville Marriner von der Academy of St. Martin-in-the-Fields immer, immer, immer im Flugzeug der Meister war, und er präsentierte auch gleich seine von ihm und seiner kleinen Homo-Truppe arrangierten Stücke selber, sagte sich selbst auch an: Und jetzt hören Sie Sir Neville Marriner. Sie hören, sagte Neville Marriner, also mich, wo immer auf den Weltkarten-Monitoren Sie sich gerade befinden, wie ich die Academy of St. Martin-in-the-Fields Mahlers ersten und zweiten Satz des *Lieds von der Erde* interpretieren lasse.

Ich starrte weiter auf den grausamen Monitor, der die Kilometer und die Minuten fraß, den Raum und die Zeit verschlang, im Ohr den lahmen Mahler, und ich fragte mich, ob es ein Videofilm war, was ich da sah, oder ob es die tatsächliche, die wirkliche Bewegung des Flugzeugs war, gekoppelt an den wirklichen, echten Geschwindigkeits-, Höhen- und Temperaturmesser. Temperatur von de Buitenlucht stand da oben auf dem Monitor. Die Buitenlucht. Das Buitenland. Das war auf holländisch, wissen Sie, weil ich in der Delta saß. Fragen Sie mich nicht, warum. Mahler wummerte und schepperte und mühte sich ab und klang trotzdem so unglaublich schwach.

Wer hat sich das ausgedacht, das mit dem Monitor dort oben, dachte ich. Geisteskranke Techniker in ihren Bastelkellern haben sich das ausgedacht. Techniker mit ihren unordentlichen Bärten und in ihren weißen Kitteln haben sich das ausgedacht, damit die Menschen, die diese Frechheit wie gelähmt anstarren müssen, entweder schlafen oder komplett wahnsinnig werden, während das Flugzeug knapp unter der Schallgeschwindigkeit über Baltimore hinwegrauscht.

Egal, dachte ich, egal, ob sie jetzt der ersten Klasse 70 %, der Business Class 50 % und der Economy-Klasse nur 30 % Frischluft zuführen, nachts ist es bei allen gleich: Bei allen wird die Sauerstoffzufuhr heruntergesetzt, damit die Passagiere nur schlafen und sonst nichts tun.

Keiner, dachte ich, wird nachts ein Bier verlangen oder eine Cola, keine Stewardess wird herumgescheucht werden von durstigen Passagieren, die kleine blaue Flugsöckchen brauchen oder mitten in der Nacht einen Kugelschreiber oder vielleicht eine Extra-Decke oder eine giftige Bloody Mary, die schärfer gewürzt sein muss als die letzte, das heißt, entweder mit mehr Spicy V8 drin oder mit mehr Tabasco, oder gleich mit mehr Wodka, damit der niemand störende Schlaf schneller kommt.

Alle würden schlafen, würden durch ihr eigenes, selbst ausgeatmetes, selbst in den Kreislauf wieder eingeführtes Kohlendioxid außer Gefecht gesetzt, nur ich nicht, weil ich fast keine Luft brauchte, wenn ich ganz flach atmete, nämlich mit den Lungen nicht nach Luft suchend, sondern gegen die Luft atmend, gegen den fehlenden Sauerstoff in der Kabine und gegen das viel größere, viel unheimlichere todesähnliche Fehlen von Sauerstoff draußen vor dem Fenster, dessen Plastikjalousie ich manchmal nach oben zog, als ob es da etwas zu sehen gab durch die dünne Atmosphäre, irgend etwas außer der Dunkelheit, die in ihrer Schwärze so tief war und so absolut, daß ich ganz schnell das dünne beige

Plastik vor dem Fenster wieder nach unten zog aus Angst, die zerkratzte Doppelplastikscheibe mit den drei kleinen Luftbläschen am unteren Rand dazwischen könnte platzen und ich würde hinausgesaugt werden durch das kleine Scheibchen.

Obwohl ich nicht dick war, würde der Druck des Raumes außerhalb des Flugzeuges mich schon ganz ordentlich schnell durch das kleine Fenster ziehen, würde das bißchen Fett, das sich im Laufe der Jahre links und rechts von meinen Hüftknochen abgelagert hat, aufsaugen und mit einem großen Haps meinen Körper hochrutschen, zu den Achseln hin, und dann wäre ich draußen, und ich würde fallen, so schnell fallen, daß mir übel würde vor lauter Schnelligkeit.

Und die ausgespieenen Bröckchen und noch nicht verdauten Stücke der Delta-First-Class-Mahlzeit würden in die nachtschwarzen Wolken hineinsausen und ein Teil der Wolken werden, und irgendwo weit unten, wenn es nicht schon längst wie ultraflacher Pfannkuchen in einer Geröllmulde läge, würde mein Erbrochenes, das letzte nasse Zeichen meiner Hülle, auf den Rükken eines mexikanischen Bauern fallen, der friedlich und nichts ahnend dort unten mit einem alten Pferd und einem Pflug unter diesem dunklen, riesigen und tierhaften Himmel sein Feld bestellte, und zwar nachts, damit ihn tagsüber die mexikanische Armee nicht sah.

Während ich all dies dachte, was in Wirklichkeit nicht einmal eine halbe Sekunde dauerte, änderte sich die Musik in meinem Kopfhörer, und es gab einen Satz von dem unerträglichen Mahler auf einmal drei Jahrhunderte rückwärts, und dann würde Henry Purcell gespielt, und zwar *Dido und Aeneas*.

Und während die unglaubliche Musik in mein Gehirn hineinströmte und ich einen Zustand der vollkommenen Ruhe erreichte, fern der dunklen, luftlosen Leere da draußen, sondern angefüllt mit Raum, mit Vollheit – auch wenn die Lieder des ersten und des zweiten Satzes unvollständig waren und durch Texte von William Shakespeare aus *Der Sturm* und aus Spensers *The Faerie Queene* ersetzt werden mußten und es eine der ziemlich minderwertigen Versionen von *Dido und Aeneas* war, nämlich der des Kammerorchesters des Norddeutschen Rundfunks unter der Leitung von Sir Charles Mackerras – so war es doch immer noch die unglaubliche, an der Dunkelheit, an dem großen dunklen, toten Himmel leckende Vision von Henry Purcell, etwas, das ich nur sonst bei den Gedichten von William Blake empfunden hatte, später dann bei dem Geisteskranken, bei Gerald Manley Hopkins, und viel später dann gar nicht mehr.

Der Schluß von Purcells Irrsinn ging so, er begann, und ich wiegte in der Dunkelheit des Flugzeugs, inmitten der schnarchenden, Fußgerüche ausdünstenden und sich schlafend bewegenden ekelhaften Menschenmasse meinen Kopf hin und her, und ich hörte

DIDO:
Thy hand, Belinda, darkness shades me,
On thy bosom let me rest
More I would, but death invades me.

An deiner Brust laß mich ruhen, dachte ich. Lange Zeit an deiner Brust ruhen. Der Tod kommt wie dieses große Tier, aber es ist die falsche Art des Ruhens, und dagegen muß man kämpfen bis zuletzt.

Ich befühlte mit Daumen und Finger die Aids-Marke um meinen Hals. Ich rieb daran wie an einem Zauberamulett, während um mich herum das Flugzeug weitersauste durch diese Nacht. Ich dachte an New York, an die Menschen dort, ich sah sie schlafend.

DIDO:
Death is now a welcome guest.

When I am laid in earth, may my wrongs create
No trouble in thy breast.
Remember me, but ah! forget my fate.
(Cupids appear in the clouds o' er her tomb)

CHORUS
With trooping wings ye cupids come
And scatter roses on her tomb.
Soft and gentle as her heart,
Keep here your watch and never part.

Er hat sich verlassen, dachte ich. Er hat sich verlassen, wissen Sie, er ist nicht mehr in sich drinnen. Purcell ist jetzt da draußen, dachte ich, da draußen vor der Plastikscheibe.

Das Lied ging zu Ende, und ich öffnete meinen Sitzgurt, holte mir ein Glas Wasser, setzte mich wieder hin und nahm ein Beruhigungsmittel. Dann öffnete ich den kleinen Koffer und sah auf die Ampullen. Ich probierte das Velcro aus, ich mochte das reißende Geräusch des Klettverschlusses nicht. Ich setzte mir den Kopfhörer wieder auf. Es rauschte. Die Musik war vorbei. Ich wartete lange. Und dann, kurz vor der Landung, hörte ich ihn endlich, den

GESANG DES ZAUBERERS SARIN
In der friedlichen Nacht von Matsumo City
Können Menschen getötet werden, selbst mit
Unseren eigenen Händen,
Überall liegen Tote.
Dort! Atme ein! Sarin, Sarin.
Bereite Sarin! Bereite Sarin!

Sprühe! Sprühe! Sarin, stolzes Sarin.

Kommen Sie, mein Freund. Ich mache Ihnen die Tür wieder auf. Es ist spät, und ich bin müde.

DAS ENDE DER LEINE II

Ein Briefwechsel / 2003

Hallo Herr Kracht,
sind Sie zufällig der Autor Christian Kracht? Ich hätte da einige Anfragen zu Ihren Büchern, wenn Sie es sind.
Mit herzlichen Grüßen,
Stefan Schünemann

Sehr geehrter Herr Schünemann –
da Sie nicht der erste sind, der anfragt, kann ich Ihnen mitteilen, daß der Autor Kracht die Anschrift christiankracht@hotmail.com besitzt.
Mit freundlichen Grüßen aus Bremen.
Chr. Kracht

Hallo Herr Kracht,
danke für die freundliche Mitteilung. Wieviel Mails werden den so an Sie gerichtet täglich, monatlich ...?
Mit herzlichen Grüßen
Stefan Schünemann

Sehr geehrter Herr Stefan Schünemann,
es sind „nur“ zirka 30–40 im Monat, dafür sind darunter oftmalig sehr wüste Beschimpfungen (Manchmal auch Anzüglichkeiten von jungen Frauen).

Anfänglich konnte ich es mir nicht erklären, warum mir fremde Menschen derartige häßlichen Briefe schrieben, ich kannte den Autor auch nicht, (Ich bin Ende 60) und das Netz-Schreiben gelingt mir erst seit einem Jahr, seitdem mir meine Großnichte aus Cuxhaven es beibrachte. Nun habe ich mir aber 2 Bücher des Autors mit dem „gleichen“ Namen gekauft und auch gelesen & es ist gar nicht so schlecht. Ich denke nun, ich sollte den Autor etwas schützen vor der Flut von Bösartigkeiten – So antworte ich auch nur an die höflichen und freundlichen Briefe und gebe die richtige Anschrift des Autors weiter, somit auch an Sie.
In der Hoffnung ihnen hiermit gedient zu haben,
Herzliche Grüße aus Bremen, Ihr
Christian Kracht

Sehr geehrter Herr Kracht,
das ist nun wirklich sehr interessant. Ich halte den Autor für eine wirkliche Bereicherung – besonders die Bücher „1979“ und „Der gelbe Bleistift“ gefallen mir hervorragend. Dewegen finde ich es unverständlich, daß man ihn beschimpft. Nun ja, E-Mails kosten halt nichts. Vielleicht sollten Sie die emails sammeln und den Autor fragen, ob er sie vielleicht literarisch verwenden kann, das wär doch lustig. Also nochmals vielen Dank und
Herzliche Grüße aus München, Ihr
Stefan Schünemann

Sehr geehrter Herr Schünemann –

„1979" habe ich auch gelesen, es sicher nicht ganz & alles verstanden, aber die Beschreibungen des Chinesischen Lagers empfand ich als äußerst bedrückend, wenn sie aus meiner Generation kommen, dann ist das doch schon auch ein großer Teil unserer Geschichte und es ging mir sehr nah (Ich verlor einen älteren Bruder – Fallschirmjäger in Kreta), viele meiner Verwandten waren Sozialisten und nur einige konnten sich damals über Lissabon in die USA retten, einige wanderten ins deutsche Lager und starben dort auch & wurden umgebracht).

Das Buch des Autors Kracht hat mich schon beeindruckt (Sicher nicht nur weil wir „ähnlich" heißen) weil es augenscheinlich Bezug nimmt auf Themen der Deutschen Romantik welcher Einfluß ja verantwortlich zu machen/scheint für einen Großteil des Unbills der Deutschen.

Die Kapitel in China in dem Roman haben mich sehr an Bilder David Kaspar Friedrichs erinnert, an das Innerste des Menschen, nach außen gekehrt und versinnbildlicht. Durch die Natur, die ja bei K. D. Friedrich nicht unbedingt abweisend und schreckenserregend war.

Nun bin ich etwas ins Fabulieren gekommen, ich hoffe, Sie sehen mir es nach und will Sie auch nicht belästigen, mit meinen Gedanken, aber Sie sind der erste, der sich wirklich zu interessieren scheint und nicht nur schimpfen will.

Die Briefe mit den Beschimpfungen leite ich i. Übrigen nicht an den Autor Kracht weiter, weil sie nur böse Gedanken enthalten.

Für heute abermals beste Grüße aus Bremen, Ihr
Christian Kracht

Hallo,
(jetzt mal die informelle Anrede, ich bin Jahrgang 1969, in Potsdam geboren und aufgewachsen) ja, da kann ich Ihnen nur zustimmen, enthemmte Menschen sind oft ein Übel. Ob sie nun Beschimpfungen verfassen oder Lager bewachen, angeführt von den großen Weltverbesserern, die alles nur verschlimmbessern.

Allerdings denke ich, die Fähigkeit des Menschen sich soweit von seiner Kultur und den moralischen Grundfesten ist unschön aber notwendig für seine Entwicklung. Die Gesellschaft ist immer noch in der Pubertät, so finde ich. Könnten Sie mir etwas genauer erklären, was Sie mit der folgenden Zeile meinen? „Bezug nimmt auf Themen der Deutschen Romantik, welcher Einfluß ja verantwortlich zu machen ist/sein scheint für einen Großteil des Unbills der Deutschen."
Herzliche Grüße
Stefan Schünemann

Sehr geehrter Herr Schünemann
– ich kann mich nur schwer von der formellen Anrede trennen, auch wenn mir meine Großnichte die Rudimente der Netz-Zeichensprache versucht hat zu erklären & begrifflich zu machen :-) Selbst habe ich in den fünfziger Jahren einige Zeit im Ausland verbracht, dem damaligen Britisch-Honduras (heute Belize), versucht auf einer Schwer-Frucht-Plantage (Früchte üb. 3 Kilogram Fruchtfleischgewicht) zu arbeiten, mehrere Jahre als Erster Buchhalter & Assessor, wenn es das ist was Sie meinen mit „Entfernung von der eigenen Kultur", als nicht mehr haltbar erscheinen wollte – Nach und nach dann immer weiter durch Zentralamerika,

bis nach Panama, dann mit dem Schiff nach Afrika (Rhodesien, heute Zimbabwe) wo ich erst in den sechziger Jahren den Mut fand, nach Deutschland zurückzukehren. Der Deutschen Hang zur Romantik (als Gegenbewegung zur Aufklärung), der Drang zu dunklen Mysterien, zum Naturgeist ist ja schließlich das, weswegen uns die Hitlerjahre beschert wurden, denken Sie nur an schrundige Wald-wanderungen in der Nacht des Kyffhäuser oder od. des Brocken. Vielfach waren diese jungen Leute ja auch nackt, m. Gitarre & Liderbuch. Die „Blaue Blume" der Deutschen ist immer Buchenwald gewesen, oder Bautzen, sie liegt im Wort selbst begraben – deken Sie nur an die Zenttrale der Staatssicherheit der DDR (Sie lag in der „Normannenstraße"). Doch meine Frage an Sie: Was meinen Sie mit „Entfernung von den moralischen Grundwerten"? Warum sehen Sie das als notwendig an? Sie schreiben, Sie sind in Potsdam aufgewachsen – Entfernung? Innere Abkehr? Ausscheidungen?!!
Über eine Antwort waere ich Ihnen dankbar, mit den allerbesten Grüßen aus Bremen,
Ihr Christian Kracht

Sehr geehrter Herr Kracht,
ein junger Baum ist flexibel. Deshalb wieder die formelle Anrede :)
Dann sind Sie ja gut rumgekommen. Diese Entfernung von der eigenen Kultur meinte ich allerdings nicht, immerhin – ein schönes Wortspiel. Ich werde mich in diesem Sinne auch von Deutschland und meiner Kultur entfernen, ich immigriere im März 2003 nach Quebec, Kanada. Ich folge damit wohl einem anerzogenen Drang des „Ossis" abzuhauen bzw. „rüberzumachen". Zum Thema Hit-

lerjugend bin ich etwas vorsichtig, da ich mich einfach zu wenig auskenne und man sich gar zu schnell auf Gemeinplätzen bewegt. Ich habe die Biographie von Fest gelesen, nur um zu verstehen, wie so viele Menschen ihm zustreben konnten. Besser als diese Biographie finde ich jedoch Haffners „Anmerkungen zu Hitler". Das Inhaltsverzeichnis beginnt mit „seine Verdienste". Es war sehr wichtig für mich, das zu verstehen. Sie können sich vorstellen, daß wir in den Ost-Schulen nur sehr einseitige Sichtweisen auf diese Zeit vermittelt bekommen haben. Hätte man mir damals erzählt, die Nazis hätten eine Droge ins Grundwasser getan und alle Deutschen seien darauf kurzweilig verblödet, ich hätte es gern geglaubt. Heute sehe ich es anders und es ist mir wichtig, daß ich für die verführten Deutschen Verständnis aufbringen kann. natürlich nicht für die Horrortaten, sondern Verständnis nur für Anfälligkeit gegenüber den Volksverführern. Allerdings sind das doch immer nur Teilausschnitte, wenn man sich ein Land anschaut.

Ich finde die Effekte, welche damals wie heute riesige Menschenmengen manipulieren und fast immer ins Elend stürzen, sehr interessant. Leider habe ich dazu noch keine Literatur gefunden. Hitler, Stalin, Pol Pot und fragen Sie mich nicht, welcher Stammesfürst im Moment (Bush??), alle waren doch nur selbst ein Teil dieses Effektes. Sie wissen darüber doch bestimmt mehr. Kennen Sie die Geschichte Schwarzafrikas gut? (Ich kenne sie sehr schlecht.)

Warum gibt es immer wieder so ein Aufflammen von Sadistischen Massenaktionen, immer in Verbindung mit den großen VerFührern. In welchem Land wurden noch mal abertausende Menschen mit Motorsägen von der eigenen Miliz verstümmelt?

Thema: Notwendigkeit, oder eher ein anscheinend notwendiges Übel. Auch hier hab ich nur ein paar unausgegorene Ideen und will da gar nicht so ins Detail gehen. Ich denke, daß in der Entwicklung von Völkern es immer wieder eine Phase gibt, wo die rohen und gewalttätigen Kräfte einer Gesellschaft sich frei machen. Dieser Hang zu Grausamkeiten scheint ja unentwegt zu schwelen, überall.

Gerade die besonders selbstbeherrschten Gesellschaften zeigen in Unruhezeiten die größte Brutalität (Deutschland, China, Japan). In Rußland oder die ersten Invasionswochen in Deutschland war es auch grausam, aber auf eine andere Weise.

Also Notwendigkeit deshalb, weil einige Völker anscheinend erst mal sehr grausam sein müssen, bis sich eine innere Abscheu ins kollektive Bewußtsein frißt. Die Deutschen waren da sehr sorgfältig. Ich kennen keinen Deutschen, der in ernstem Ton sagen würde, „Wir Deutschen". Man verachtet leider allzu oft seine eigene Kultur und daher ist sie auch schon fast vergessen. Wenn man's wie Nietzsche betrachtet, dann hat das Mittelalter mit seiner täglich gelebten Brutalität, das, was wir heute als Moral verstehen, in unser Gedächtnis gebrannt. Wer stiehlt, dem wird die Hand abgeschlagen, Jetzt haben wir noch ein neue Werte gelernt. „Du sollst nicht Völker vernichten." „Du sollst nicht andere Länder überfallen." etc.

Nun gut, ich hoffe, daß ich sie nicht gelangweilt habe, mit diesen kurzen Gedanken. Mein Verständnis von Geschichte, Geographie und überhaupt allen Wissenschaften ist doch ein sehr eingeschränktes ...
Herzliche Grüße,
Stefan Schünemann

Sehr geehrter Herr Kracht,
kurz im voraus – ich liebe Ihre Bücher. Vor ein paar Wochen habe ich eine eMail von Ihrem Namensvetter erhalten, Wir schrieben uns regelmäßig, fast täglich. Ein wirklich sehr netter Mensch, ein älterer Herr in Bremen. Sie kennen Ihn vermutlich. Er schreibt mir, dass Verfassern von obszönen und beleidigenden E-Mails Ihre richtige Adresse nicht zukommen läßt. Nun habe ich lange nichst von ihm gehoert, ich mache mir Sorgen. Schon im voraus – Vielen Dank, daß Sie sich die Zeit nehmen diese E-Mail zu lesen.
Mit herzlichen Grüßen aus München
Stefan Schünemann

p.s. „Ferien für immer“ – Baby Beef: das Rezept aus Ihrem Buch funktioniert nicht – glaube ich. Sollte das Steak nicht erst angebraten werden und dann geschmort? Ich hab's gestern probiert, war aber doch etwas zäh. Vielleicht klappt es ja heute in der anderen Reihenfolge.

DER GEIST VON AMERIKA

Ein Besuch in Vanuatu / 2004

Auf der Insel Tanna, im Lande Vanuatu[1], wird seit dem Zweiten Weltkrieg an einen Mann gedacht, der auch zu uns spricht. Sein Name ist John Frum. Bruder des Königs von Amerika. Dies ist die Geschichte von Kapital und Ware, verloren in den Weiten des Pazifiks.

Ein Mann[2] ist zu sehen, er kommt aus dem saftigen Dickicht getreten: Über ihn hinweg bläst der Aschewind[3], beim Vorwärtsgehen streicht er sich mehrmals mit den Händen den schwarzen Staub vom weiten Hemd – ob es nun ein Mann ist, bleibt ungewiß, so breitbeinig und staksig ist sein Gang: erstaunlich genug, daß bei der Gemächlichkeit seiner Bewegung ein Schritt überhaupt noch dem anderen folgt.

Seine Kleidung ist, so sie sich erkennen läßt, der Uniform des Imkers[4] nachempfunden, ein vom weißen Breitkremphut herabhängendes ebenso weißes Netz verbirgt sein Gesicht[5]. So hoch er auch die Beine zieht, sein Beinkleid enthüllt nur die hellen Socken seiner Füße. Nun, da er näher kommt, ist deutlich auszumachen, daß unter dem Netz eine Kurzstielpfeife glimmt. Auch dadurch ist das Gesicht nicht zu erkennen.

Er hebt mit einer ruhigen Bewegung das Netz von seinem Gesicht und beginnt über die Wiese hinweg zu sprechen. So hört man ihn:

„John Frum[6] Hem i kam. Hem i kam. Hem i telem se: White man i telem se, yu fela i mas wok had. Sendem olgeta white man i go back. Takem moni blong white man mo sakem long sol wata. Nao ia yu fela i save damis mo drink kava evri taem.

Mo bam bae yu fela i waet long ol cargo bai i kam wea hem i bin promesem ol sam ice box, moni, klos, new trak mo fulab moa.

Yu nomas spoilem. Bae oli come wetem plen mo ship. Yu nomas stil long olgeta bei yu welcomem olgeta, mo bai oli givem long yu. Yu nomas bagen. Bae oli given evriting wea yu askem. Bae yu takem nomo wanem yu askem. Price blong bae i one gud price. Takem moni blong yu nomo. Blong bae yu gat emuf moni. Yu save stap mo kakai long frut blong garaen mo drink kava. Smol movemen wea yu makem, wea yu wantem, bae i bringem bak ol gud gudfela samting.

Ol marafala man bae oli kam telam tok tok blong mi. Sum man bae oli stanup mo talem semi. Bae mi noa mi live inside long valcano. Yu fela i no lukoutem mi, bae mi kam ani taem. Mi mi gat armi. Bae mi kam bakagen.“[7]

Anderntags kommen Männer aus dem Dschungel und beginnen, Bäume zu fällen, einmal, so glauben sie, müssen sie sich noch bemühen. Sie hacken mit ihren Beilen große Flächen vom Unterholz frei. Sie schneiden das Gras kurz und errichten Kommandanturen. Sie bauen Landeflächen, Hütten, einen Flughafen. Radios aus Holz mit Mikrofonen aus Kokosschalen, um einen Funkkontakt mit den Ankommenden herzustellen. Ab und zu huscht der Schatten einer Avenger-Maschine[8] über die Wiese, doch treten die Tannesen freudig aus den Hütten, ist das Flugzeug nur noch als entferntes Brummen zu vernehmen. Dann gehen die Männer zu ihren Radioapparaten und sprechen Zauberworte hinein: Roger, Roger, Johnny, Foxtrott[9]. Lima, Kilo[10]. Aber die Flieger antworten nicht.

Die britischen und französischen Kolonialbeamten erfahren von jenen Landebahnen und inhaftieren deren Betreiber wegen Störung der Ordnung und falschen Glaubens. Man steckt die Anhänger John Frums zu Dutzenden in das Gefängnis[11] der Hauptstadt Port Vila, ins dunkle und feuchte Kalaboos. Dort in der Finsternis kolonialer Willkür, bei Wassersuppe und Kohlstrünken, warten die Männer auf das Kommen. Hoffend vergeht fast ein Jahr. 1942 werden endlich massive amerikanische Truppenverbände[12] auf den neuen Hebriden stationiert, und mit ihnen kommen das Rote Kreuz, die Kühlschränke, die Haartrockner, die Kartoffelchips, das Saatgut für den Mais, die grobzinkigen Kämme, der Asphalt. Die Amerikaner bringen die Güter, die John Frum versprochen hat[13].

Weit entfernt von den gräsernen Landebahnen im Dschungel, blättert ein schwarzes Kind mit krausen blonden Haaren in einem Bilderbuch. Es lacht und sieht: Till Eulenspiegel, Ken Kesey, die Bürger von Schilda. Es blättert weiter. Dort El Khidr, Wolfgang Koeppen, Annie Sprinkle, Goofy, einen Ziegenbock mit wehendem Kinnhaar, Stefan Remmler, Screaming Lord Sutch, einen Mann, der eine Kavawurzel durch einen Rotor preßt. Es blättert zurück zu Goofy und es muß wieder lachen. Goofy ist: ein Hund, der eine Maus zum Freund hat, ohne deren patente Hilfe er es sehr schwer hätte – so meint die Maus. Einfache Fälle, die der Mausefreund in Minuten lösen kann, bereiten Goofy Schwierigkeiten, die kniffligsten löst nur er: zum Beispiel die Sache mit dem Handkoffer. Sechs geschliffene Edelsteine liegen wie Erdnüsse gestaffelt in der Auslage des Juwelenhändlers. Das Licht geht aus und wieder an, die Edelsteine sind fort und wieder da, nur sind es billige Imitate. Der herbeigerufene Kommissar Hunter ist ratlos, nun knipst Goofy das Licht wieder aus, um es gleich darauf wieder anzuschalten – die wertlosen Glassplitter verwandeln sich erneut in kostbare Diamanten.

Auf Tanna wird der Fremde überrascht von einer fast welpenartigen Zutraulichkeit[14] der Einwohner, einer Arglosigkeit, die von keinerlei Neugier begleitet wird. Der Gruß, so ist schnell zu sehen: zwei hochgezogene Augenbrauen, dann der gen Himmel gestreckte Daumen, ein erst schüchternes Grinsen, dem je ein jubilierendes Gelächter folgt. Die Einwohner brauchen den Fremden und ihrem Geld nicht nachzustellen. Sie warten.[15]

In den Wald, an der Schotterpiste, ist eine Lichtung geschlagen worden. Zwei Hütten stehen dort, in der einen – aus Wellblech – werden Schulhefte und Pfropfen verkauft, in der anderen – aus Holz und Bast – gibt es das Kava. Hinter dieser Hütte schwelt und raucht ein Feuer, das, mit nassen Zweigen bedeckt, die Fliegen und Mückenschwärme fernhält. Die kleine Kokosschale wird aus einem Zuber, der sich hinter einer Stellwand verbirgt, mit der grünen Wurzelmilch schwabbelnd gefüllt. Eins, zwei, drei Schalen stehen nun auf dem knorrigen Schankbrett bereit. Die Sonne versteckt sich hinter dem mächtigen Banyan-Baum[16], der Abend kommt über Tanna.

Die Kunden greifen die kleinen Schalen, treten an das restliche Licht und führen das Flüssige zum Mund. In einem langen Zug fließt das Kava[17] in ihre Körper hinein. Gerade ist noch Zeit, sich auf die Bank unter den Banyan-Baum zu setzen.

Das Sausen kommt. Der Kopf wird verwahrt. Recht drückt es ihn von allen Seiten, wie in einer gut gepackten Kiste mit Dosenfleisch, die beim Umladen an der Hafenmole zwischen zwei Frachter gerät, anstatt ordnungsgemäß an Land zu gelangen. Die Atemnot ist nur von kurzer Dauer[18]. Ein Auto[19] lärmt[20]. Die Stimme leiser, bis zum Wispern herabgesenkt der Ton. Es folgt die Stille der Höhle, der Grotte, das unendlich leise Kommen der Nacht.

Die Wurzel wächst.

Drei bis vier Jahre wächst die Wurzel im Garten, zwischen Maniok, Taro und Süßkartoffel.

Ist sie wohlgeraten, ergibt sie zwölf große Schalen. Eine kleine Schale kostet 50 Vatu[21].

Eine große Schale kostet 100 Vatu.

Das ist nicht das eigene Geld. Es ist nicht das Geld der Weißen.

„Kann ich ein Stück Wassermelone haben ?“

„Zwanzig Vatu.“

„Nein, die rote.“

„Kava finis."

Die Kava-Lampe erlischt.
„Und die Melone?"
„Melonen finis."[22]

Eine Stunde nach der Zubereitung ist das Kava aus. Kleine Hunde spielen und balgen sich um spiegeleigroße Spuckebatzen, die aus dem Schlund der Männer in den Staub klatschen. Die flüsternden Stimmen dringen kaum noch bis zum Nebenmann, nur das tiefe Räuspern und Ausspucken reicht zu einem die gesamte Ebene durchdringenden Laut.

Wie Fixsterne voneinander angezogen und abgestoßen, kommen und gehen die Trunkenen vom Dickicht zurück zur Schankstätte zum Nachholen und wieder hinein in das immer dunkler werdende Grün. Ein Traum entsteht im Kollektiv, ein Traum von Unmengen Spam[23], von Dosenfleisch, der größer und erreichbarer scheint, je länger der Abend fortschreitet. Auf der anderen Seite Tannas[24], unter dem Vulkan, kommt es im letzten Jahr zu einem Schisma unter den Anhängern der Lehre John Frums. Eine gerade Straße führt durch den Dschungel, dann eine Weggabelung, links hinunter geht es zu Fred, rechts den Hügel hinauf zu Isaac One.

Die Spaltung geschah so: Fred war zurückgekommen von seinen Bootsreisen nach Afrika, Europa, Taiwan, verkündete die sofortige Erlösung – das Warten habe nun ein Ende, und da schüttelte der alte Isaac One mit dem Kopf, nahm ihm die Treugebliebenen, ging 800 Meter den Hügel hinauf[25].

Man muß sich das so vorstellen, als sei es 1985 Fritz J. Raddatz gelungen, Gert Bucerius und Gräfin Marion von Dönhoff aus dem Gebäude und Impressum der ZEIT zu vertreiben, und die beiden hätten dann am Isemarkt in Hamburg-Eppendorf eine Stadtteilzeitung zu publizieren begonnen, das Recht und die Würde jedoch auf ihrer Seite gehabt. Fred, den nicht nur die ersten beiden Buchstaben des Vornamens mit dem ehemaligen Feuilletonchef des großen protestantischen Flaggschiffs verbinden, blieb, bestimmte, befahl und steckte seine eigenen Fähnchen in den schwarzen Sand der Sulphur Bay im Schatten des Vulkans.

Die Hütten von Freds Gemeinde stehen um einen weiten, gepflegten Rasenplatz, dessen hinterer Rand sich im schwarzen Sand des Meeresufers verliert. Reihen kleiner quadratischer Wimpel mit Freds Kreuz wehen einfallslos und müde in der Seebrise. Aus Freds Hütte dringt verhaltenes Schnarchen. Den Hügel hinauf im Dorf von Isaac One wird die alljährliche[26], 20 Stunden andauernde Parade zu Ehren John Frums vollzogen. Die amerikanische Fahne wird im Morgengrauen feierlich gehißt, dann tritt ein uniformierter Sergeant in Badeschlappen auf den Exerzierplatz, in der rechten Hand den Inspektorenstab, und beginnt, seine Kommandos zu rufen. Der Führer Isaac One sitzt abseits auf einer Holzplanke im Schatten. Kinder tollen umher, Welpen balgen sich, Nahekommende verstellen ihm die Sicht[27].

Eine Hundertschaft fast nackter Männer, auf deren Brust und Rücken mit roter Farbe „U.S.A." gepinselt wurde, marschiert ein. Holzgewehre geschultert, beginnen sie auf das Kommando „C' mon, boys!" auf dem Dorfplatz im Stechschritt zu exerzieren.

Nach Stunden, zur Mittagszeit, tragen andere Männer, Köche, in riesige Bananenblätter gewickelte Eßpakete auf den Dorfplatz. Die grünen Blätter werden geöffnet, darin Rindfleisch, die Köche wühlen im in der Sonne dampfenden Protein. Die Hände stecken bis zum Ellbogen in der blutlosen Lebensmasse. Das Fett rinnt die Arme entlang und vermengt sich mit dem Schweiß der Fleischteiler.

Isaac One zieht sich, während alle anderen im Dorf essen, in sein dunkles Hüttenbüro zurück. Er ist ein fragiler Mann, zierlich sind seine mageren Hände, die in der feuchten Luft vor seinem Gesicht fragmentierte Kreise beschreiben. An der Wand zeigt eine Schautafel die zwei Welten: die heutige und die, die da kommt. Isaac One weist mit dem Zeigefinger zwischen diesen Welten hin und her und erklärt:

„One day bae amerikan spirit widem spirit blong John Frum bae kam tugeter. Bae stapa blong spirit blong amerika i stap blong tanna. Tanna i kipim spirit blong amerika emi blong merika, emi olsem one shado noa. Mi go long amerika, taem mi kasem long wie, spirit i go long way. Igat plenty big fala hill noa, na al rot oli kruked, bae bae one day bae emi i kam. Bae ol goverment i fall down, after bae rot i stret mo bae i gat pis bakagen.

Mi save Bin Laden, mi toktok long hem, Bin Laden hemi i man blong sprit tu, amerika hemi i shud letem sprit toktok long hem, bei hemi i no wantem, oli i mestem deadline long year 2000, afta oli kasem, punishem, holi hoes blong amerika hemi i kapsite, bifo anysonting i happen mini save finis.

One day bae tufala spirit bae i kam tugeta, mo bai tufala i kam one wol nomo, mo bai yumi go long paradise. Wanem bai yu mas makem nos blong sit doan tugeta mo ting ting strong long wanem ples nao yu kam long hem.“[28]

1 Ehem. Neue Hebriden. Seit 1980 unabhängig von Großbritannien und Frankreich.

2 Örtliche weiße Missionare vermuten, er sei ein schwarzer G.I. gewesen. Tom Duncan Beatty, der 1942 mit US-Streitkräften auf Tanne stationiert wird, nimmt hingegen an, der Scheinende sei in Wirklichkeit ein jap. U-Boot-Soldat gewesen. Der Besuch Tom Beattys wird einige Jahre später selbst zum Mythos, auf Grund seiner vielen Gaben heißt Beatty bis heute auf Tanna „Tom Navy“.

3 Der Vulkan Mount Yasur ist 361 m hoch, sein aktiver Krater gilt als der zugänglichste der Erde. Das Cargo – die Güter der Welt – lagere, so die Anhänger John Frums, im Inneren von Mount Yasur. Es genüge zwar ein Scharren mit dem Fuß, um die Güter freizulegen, aber dem Vulkan selbst, so heißt es, dürfe nichts gegeben und nichts genommen werden.

4 Der Imker macht sich die Emsigkeit der Biene zunutze. Bis heute gibt es auf Tanna keine eigene Honigproduktion, nicht einmal von Wildhonig. Indem er als Imker erscheint, deutet John Frum auch auf den hl. Johannes, der in der Wüste, als er die Offenbarung der Apokalypse erhielt, sich ausschließlich von wildem Honig ernährte.

5 Überliefert ist auch, John Frum sei mit Talkum-Puder im Gesicht erschienen. Wiederum andere behaupten, John Frum sei ein schlanker, weißer Amerikaner mit hellem Haupthaar, dem brit. Schauspieler Peter O'Toole nicht unähnlich.

6 Frum, engl. ausgesprochen „Froom“, dt. etwa wie „Ruhm“.

7 Übersetzung aus dem Bislama, der Pidgin-Abart Vanuatus u. Papua Neuguineas: „John Frum ist gekommen. Er ist gekommen. Er spricht: Die Weißen sagen euch, ihr müßt im Leben hart arbeiten. Schickt sie weg. Werft ihr Geld in das Meer. Ihr sollt nun wieder tanzen und Kava trinken, soviel ihr mögt, und wieder werden Weiße kommen und euch Kühlschränke bringen, Geld, Kleider, neue Lastwagen, mehr und mehr. Denen müßt ihr nichts tun. Sie kommen mit Flugzeugen und auf Schiffen. Ihr dürft sie nicht berauben, heißt sie willkommen, dann werden sie euch geben. Ihr müßt nicht feilschen. Sie werden euch alles geben, was ihr verlangt. Ihr sollt nur das nehmen, was ihr verlangt. Euer Preis ist ein guter Preis. Nehmt nur euer Geld. Dann werdet ihr nie ohne sein. Ihr könnt liegen und Kava trinken und essen, was da ist. Nun wird die kleinste Regung, die euch wohl gefällt, reich entlohnt werden. Andere werden kommen und von mir sprechen. Einige werden sagen, ich sei es selbst. Aber ich lebe im Inneren des Vulkans. Sucht mich nicht, denn ich werde kommen, wenn es Zeit ist. Ich habe eine Armee. Ich werde bald zurückkommen.“

8 Der 1941 von dem Rüstungskonzern Northrop Grumman eingeführte Jäger kam erstaunlich rasch zum Einsatz, bes. bei der Schlacht um die Korallen-See. Er war nicht nur in der Bewaffnung der japanischen Zero überlegen, sondern sollte auch um ein knappes Drittel schneller fliegen können, was im Pazifikkrieg den US-Streitkräften zur entscheidenden Wendung verhalf.

9 Die Initialen John Frums, gespr. im Pilotenalphabet.

10 Die Initialen Lukas Kochs, dem Propheten von Osaka, gespr. im Pilotenalphabet.

11 A. d. Bislama; Gefängnis.

12 110.000 Soldaten. Zweitgrößte US-Stationierung in Asien im Zweiten Weltkrieg, nach Hawaii.

13 Den sog. Cargo-Kult finden wir zwar überall in Ozeanien verbreitet (v. Neu-Guinea bis Hawaii, v. Samoa bis z. d. Osterinseln), doch auf Tanna geht dem Kommen von Cargo eine Prophezeiung voraus u. nicht etwa eine kultische Beschwörung. Korrekt wäre es, hier von einer Cargo-Eschatologie zu sprechen.

14 Wir fühlen uns hier *in nuce* erinnert an Reinhold Messners fast niedliche Unbekümmertheit im Umgang mit seinem eigenen Körper: die bei ihm entstandenen Krampfadern in den Beinen zieht er sich selber, ohne Betäubung, mit einer Pinzette heraus.

15 Anthropologen wissen: Nur vier Stunden in der Woche muß im tropischen Urwald jeder Mensch arbeiten, um sein Dorf mit dem zum Leben Nötigen zu versorgen. Nicht nur die feuchte Hitze macht die Urwaldbewohner träge, auch das überall herumliegende Brennholz u. die nährreichen u. geschmacksarmen Wurzeln, die die Erde für sie bereithält. Der in der Südsee bis Anfang des 20. Jh. geläufige Kannibalismus lässt sich ebenfalls mit dieser Trägheit erklären; Ausländer wurden dort ‚Long Pig' genannt. Als besondere Protein-Delikatesse gab man indes den kleineren und extra aufgezogenen Hausschweinen den Vorzug. Den Geschmack vom Fleisch der Weißen bezeichnete man als „zu salzig", den der japanischen Soldaten als „sehr süß, angenehmer". Den Chinesen ging es nicht besser. W. Lavallin Puxley schreibt über die Neuen Hebriden: „One old cannibal told a friend of mine that they did not care much for whites, ‚they were too salt'. Chows (Chinamen) are far better, being ‚plenty too much sweet'." *W. Lavallin Puxley, Green Island in Glittering Seas, London, 1925.* Es wäre ein Mißverständnis, den in der Südsee praktizierten Kannibalismus als Chiffre des Begehrens (inbs. auch erot. Begehrens) zu verstehen, wie etwa im Film „The Hunger" mit David Bowie und Catherine Deneuve o. auch in Daryl Halls u. John Oates' Lied „Man Eater", vielmehr muß man von einem fast italienischen Gestus der Bequemlichkeit sprechen, von einem Kannibalismus

aus Faulheit. Die Exzentrikerin Daisy Bates zitiert in ihren Aufzeichnungen einen ehem. Deputy Commissioner der Neuen Hebriden: „When taken out of the ovens, the method of eating human flesh is as follows: The head of eater is thrown back, somewhat in the manner of an Italian eating macaroni. The leaf is opened at one end, and the contents are pressed into the mouth till they are finished." *Daisy Bates, The Passing of the Aborigines, London, 1933*. Dieser Gestus eröffnete sich einem angespannteren Temperament in dem einmaligen Auftritt der Gruppe ‚Heroin-Kannibale' im ‚The Chamber', Osaka, Japan am 19.9.2002. Bei diesem Projekt handelte es sich um eine nur für diesen Abend eingegangene Kollaboration zwischen den dt. Musikern Terranova und Holger Hiller.

16 Ein Banyan-Baum, auf einem Hügel unweit von Tannas Hauptstadt Lenakel (Durchm. 175 m), ist der größte lebende Organismus der Erde.

17 Das Tanna-Kava gilt als das stärkste Melanesiens/Polynesiens. Traditionell wird die Kavawurzel von drei präpubertären Jungen (Tanna: „Virgin Boys") vorgekaut, der Speichel der Bohnen wird auf ein Blatt gespuckt u. das Ganze in einem Zuber der männlichen Dorfgemeinschaft gereicht. Frauen haben zur Kavastätte, dem „Nakamal", keinen Zutritt, es ist „tabu" (a. d. Bislama: „verboten").

18 Zweiter Kava-Selbstversuch am 13.2.2004. Niermann/Kracht. 35 cl / Proband.

19 Auf Tanna gibt es ca. 140 Autos, durchweg Landcruiser jap. u. kor. Herkunft. Benzin wird mittels einer Gießkanne getankt.

20 Kava-Genuß führt zur Hypersensibilisierung für Ton u. Licht, evtl. auch zu Isolationsgefühlen.

21 Amtl. Mittelkurs am 21.2.2004: 1 Euro = 136,063 Vatu.

22 Aufgez. Gespräche in der Kava-Bar ‚Der Freund', am 16.2.2004 Tanna, Vanuatu.

23 Spam ist der Überbegriff für das im Pazifik überaus beliebte, fette, stark gesalzene Preß- oder Restfleisch in Dosen, welches als Corned Beef o. Corned

Mutton verkauft wird. Es erinnert die Melanesier/Polynesier geschmacklich am ehesten an den Gout von Menschenfleisch. Der Pro-Kopf-Import von Spam in Vanuatu (bes. aus Austr.) gilt als der höchste der Welt. Volte der Geschichte: Die Inseln Ozeaniens dienen heute vielfach dem Export von Computer-Spam, dem auch sog. Bulk- oder Junkmail.

24 In den 60er Jahren verschlug es den dt. Fotografen Gunter Sachs nach Tanna, er sollte dort einen anderthalbstündigen Dokumentarfilm drehen. „In Search of John Frum" (16 Millimeter) ging, so Sachs, nach einem Brand des eigenen Studios verloren. Ob Kopien noch existieren, ist ihm nicht bekannt.

25 Im Stile Erwin Kochs, Schweizer, ehem. genial. Spiegel-Spezial-Reporter, nun Romancier.

26 Der 15. Februar ist John-Frum-Day.

27 Das Geschehen konvergiert mit Abläufen im Hause des dt. Schriftstellers Günter Grass am 24.1.1985: „Gestern abend bei Grass, der eben doch ganz anders ist, ganz in sich ruht – obwohl kleine Nebensätzchen verraten, daß auch er sich schon jetzt grault vor dem Gemetzel, ist erst mal sein neues Buch raus. Die ‚Haushaltsführung' dort grotesk, Ute blieb, aber man sitzt in der Küche, ein Sohn schmeißt erst mal den herrlichen Orchideentopf um, den ich mitbrachte, der andere, das Fleisch auf dem Teller, steht einfach beim Essen auf und geht ans Telefon, der Dritte – für ihn ist mitgedeckt – taucht erst gar nicht auf." *Fritz J. Raddatz, Unruhestifter – Erinnerungen, München 2003.*

28 Übers. a. d. Bislama: „Eines Tages werden der Geist von Amerika und der Geist von John Frum zusammenkommen. Aber der Ursprung des Geistes von Amerika ist hier auf Tanna. Tanna verwahrt den Geist von Amerika für Amerika, denn heute ist dort nur ein Schatten. Ich habe Amerika besucht, aber als ich dort ankam, war der Geist fort, weit weg. Heute gibt es große Berge, und die Straße ist voller Kurven, aber eines Tages wird er kommen. Die Regierungen werden fallen. Dann werden die Straßen gerade, und es wird Friede sein. Ich kenne Bin Laden, ich spreche mit ihm. Der Geist ist auch mit Bin Laden.

Die Amerikaner hätten auf den Geist hören sollen, sie haben es nicht getan, sie haben den Stichtag im Jahr 2000 verpaßt, und dafür wurden sie bestraft. Das heilige Haus von Amerika wurde getroffen. Ich wußte davon schon vor dem Anschlag. Eines Tages werden die zwei Geister zusammenfinden, und es wird eine Welt geben, und wir werden alle gemeinsam ins Paradies kommen. Was ihr jetzt tun müßt, ist euch hinsetzen und überlegen, was eure Wurzeln sind, wo ihr herkommt."

DER NAME DES STERNS IST WERMUT

Ein Besuch in Tschernobyl / 2005

Und es fiel ein großer Stern vom Himmel, der brannte wie eine Fackel
Und fiel auf den dritten Teil der Wasserströme
und auf die Quellen des Wassers,
Und der Name des Sterns ist Wermut.
Und der dritte Teil des Wassers wurde zu Wermut,
Und viele Menschen starben von den Wassern,
weil sie bitter geworden waren.
Offenbarung des Johannes, 8:10,11

Das Unabdingbare, anders, das Erfreuliche des Reisens besteht immer darin, sich nie dort wohl zu fühlen, wo man sich gerade befindet, sei es bei der Ankunft, unterwegs oder bei der Abfahrt. Im Falle dieser Reise, es ging in das ukrainische Tschernobyl, war das Unwohlsein bereits durch das radioaktiv strahlende Ziel mit einem besonderen, dunklen Siegel versehen. Das erste Siegel, der Weg dorthin, erschien außergewöhnlich bedeutsam, da die unendliche Weite der Natur nicht mehr nur als reine Schönheit zu denken war. Daher wurde aus der etwas naiven Vorstellung einer ewig sommerlichen Ukraine schnell ein sich unendlich gen

Osten ausdehnendes Patchwork, ein weizengelb und himmelblau bestickter Quilt, der zwar kurz vor der Lokomotive entrollt werden durfte wie das herrliche Farbwerk Gottes, aber stets in dem Moment wieder von dem gnadenlosen Räderwerk des Expresszugs verschluckt wurde, wenn es zum Greifen nah und faßbar schien. Erst durch das Brechen aller sieben Siegel wurde eine Ordnung erreicht – allein, dann war es gewiß zu spät.

Das Erste Siegel

Berlin-Lichtenberg, Gleis 16,
Sonntag abend, 21 Uhr 40

Die Crux des modernen Fernreisens auf der Schiene besteht in seiner auf das Praktische, das schnelle Bewältigen ausgerichteten Form. Waren es früher noch Sackbahnhöfe jenseits der Ökonomie – man bedenke den Lokwechsel, seine Lage inmitten der Stadt, die Breite der mannigfachen Gleise –, welche schon durch den Prellbock eine deutliche Zäsur, ein Beginnen andeuteten, werden heute Züge nicht mehr behutsam rückwärts in die Station geschoben, sondern einfach von irgendeinem Gleis an den Bahnsteig gezogen, als kämen sie aus einem langgedehnten Nirgendwo, nie frisch, nie neu, immer bereits verbraucht, ausgelaugt und erschöpft, schmutzig.

Berlin-Lichtenberg war da keine Ausnahme. Am Wagenstandsanzeiger deutlich: im Express 345 nach Kiew keine Gabel und Messer mehr, gekreuzt gegen Hunger und Durst, neben Hammer und Sichel. Der Speisewagen war vor kurzem dem

EU-Hygienegebot zum Opfer gefallen. Wie ein Mitreisender auf dem Perron erzählte – er trat dabei von einem Bein aufs andere –, köchelte dort noch vor einem Jahr eine ukrainische Babulja in ihrer Winzküche frischen Borschtsch auf Gas, der dann, an leicht vergilbten Tischen, auf altem Porzellan serviert wurde, das Blechbesteck in Fahrtrichtung gelegt, während hinter den mit Wollvorhängen gesäumten Fenstern die Ostweite unter einem immer höher werdenden Himmel vorbeizog.

Wir kauften hastig am Perronende zwei Brathähnchen und bestiegen den Zug. Das Abteil selbst, wie soll man sagen, es war erschreckend eng; nie konnte man sich zu zweit gemeinsam darin aufhalten, ein einzelner füllte es bereits aus. Der mit einer sich wölbenden Teppichbahn belegte Gang bot ebenfalls nur einem einzigen Menschen stehend Platz.

Die Coupétür wurde von innen verriegelt, da durch das vom Rauch und Fett der Jahre verschlierte Fenster zu beobachten war, wie immer mehr Menschen den Zug bestiegen – einige steckten dem Schaffner Geld zu, andere wuchteten Seesäcke und Fernseher die drei Zugstufen hinauf. Der Abend war berlinhell, kein Regen deutete sich an.

Fast wie ein Nebengedanke und ohne Warnung fuhr die Eisenbahn nun aus dem Bahnhof, wir lehnten uns zurück, die sichernde Kette vor die Coupétür gelegt, da klopfte es, eine sechzigjährige Frau wurde uns ins Abteil geschoben, ihre vier Taschen hinterher, man müsse doch sehen, es sei schließlich ein Dreibettabteil. Jäh schob sich der Zug durch das Berliner Hinterland, gen Osten hin.

Das zweite Siegel

Berlin-Kiew-Expreß, Sonntag nacht

Frau Valentina setzte sich, schnaufend unter der Last ihrer Jahre, und kam gleich ins Jammern: Man müsse ja so viel ertragen, das Leben sei ein einziges Leiden. Im Reisebüro habe sie schon vor Wochen die untere Liege des Nachbarabteils gebucht, die 8, doch ein deutsch-ukrainisches junges Paar mit einer fünfjährigen Tochter schoben die Notwendigkeit vor, die Tochter unentwegt auf dem unteren Bett wickeln und mit Muttermilch versorgen zu müssen, und komplimentierte sie nicht nur eins, zwei, drei auf den Gang, sondern sperrten ihr rüde die Türe vor der Nase zu.

Frau Valentinas Gepäck, es waren zwei Riesenkoffer und zwei unförmige, am Alexanderplatz gebraucht gekaufte VHS-Spieler, und Frau Valentina selbst bedeckten nun die untere Liege in unserem Abteil, sie griente und sniefte, es wollte kein Ende nehmen.

Der dünne Schaffner – er trug einen schmalen schwarzen Schnurrbart und nannte sich Kazimir – war sichtlich erleichtert, das erste größere Problem seiner langen Nacht gelöst zu haben, und brachte lauwarme Slavutych-Bierflaschen. Ruhe war eingekehrt im Abteil. Rasch hörte Frau Valentina auf zu weinen, wischte die auf dem Waschtisch von der Ukrainischen Eisenbahn ausgelegten semipornographischen Mobiltelefon-Anzeigenprospekte zur Seite und ersetzte sie durch ein christliches Benimmbüchlein.

Wir boten ihr sofort das komfortable Unterbett an, und sie unterwies uns im Austausch, wie die Betten zu beziehen seien. Eine ihrer Plastiktüten am Kopfende war prall gefüllt mit Gurken, Pfefferwürsten von Lidl und Graubrot. Sie packte die Waren aus und schmierte mit der hingebungsvollen, altruistischen Art ukrainischer Mütter ein Gurkenbrot. Die vorhin auf dem Perron gekauften Brathähnchen hatten zu penetrant gerochen, so daß die kleine Folientüte inzwischen an einem Haken auf dem Gang schaukelte, drüben neben Abteil 8, wo die Hähnchenschlegel nun langsam erkalteten.

Das dritte Siegel
Polnische Grenze, Montag, sehr früh

Zwei junge Grebos, sie stellten sich als Maik und Rico vor, stiegen mit uns aus dem Zug, um den kurzen Aufenthalt zu mehreren Lokfotos zu nutzen. Maik und Rico waren Trainspotter, zwei junge Güterzugführer aus Dresden und Leipzig, die sich auf das Aufspüren seltener osteuropäischer Lokomotiven spezialisiert hatten.

Neben ihrem Haupthobby hatten sie beide junge Ukrainerinnen aus Dnepropetrowsk geheiratet, mit denen sie nun – es stellte sich im Gespräch bald heraus, daß sie es waren, die Frau Valentina unter dem Wickelvorwand aus ihrem Abteil vertrieben hatten – auf dem Weg in den preiswerten Jahresurlaub ins östliche Donetzkbecken waren, zu Großmuttern. Überhaupt sprachen sie viel und gerne über die mehr als günstige Ukraine.

Auf dem Bahngleis gegenüber wartete ein Gegenzug, aus dem Fenster hingen sichtlich alkoholisierte junge Polen im Eminem-Look, nach Bier schreiend. Nun wurden zwei Passagiere, eine dicke schwarzhaarige Frau und ihre völlig überschminkte minderjährige Tochter mit viel Gepäck, von den polnischen Grenzern aus unserem Zug geholt und mitten auf dem Bahnsteig einer Routinekontrolle unterzogen. Die jungen Rabauken johlten und warfen Bierdosen umher. Als das Gepäck untersucht wurde, kamen mehrere nagelneue, sperrige Heizlüfter mit Goldapplikationen und diverse unidentifizierbare Transportbehälter zum Vorschein.

Ein dräuender Pfiff gellte, Kazimir der Schaffner drängelte in den Zug zurück, und während wir anrollten, sah man als letzte Szene der Bahnsteigsvisite die wild gestikulierenden Arme der abgeführten Frau, wie sie gerade von der Milizija in einen gläsernen Fahrstuhl gestoßen wurde, das weinende überschminkte Kind hintendrein. Warum es innerhalb der EU verboten sein sollte, praktische Heizlüfter von einem Land ins andere zu bewegen, war zu diesem Zeitpunkt, an der polnischen Grenze, noch nicht recht klar und deutlich.

Erst beim Hinlegen, beim Schlafen, in der von schweren Träumen begleiteten Dämmerröhre oberhalb von Frau Valentinas Schnarchen, ja wirklich erst dann sickerte die Bedeutung des konfiszierten Heizlüftersets in das Bewußtsein der beiden Schläfer, die zwei gebaren einen Nachtmahr, auf dessen tiefem Grunde ein Heizlüfter stand, der sich langsam und allmählich überhitzte – seine glühenden Drähte, die den Menschen eigentlich prometheische Wärme und Schutz spenden sollten, wurden rot, immer röter, schließlich, über orange gehend, weißbrennend, und der Heizlüfter erschien den Schläfern bald als Menetekel, nun als erwachender Golem, endlich als Kronos, der schmatzend und im brennenden Fieber seine eigenen Kinder verspeist.

Wieder erwacht, die ukrainische Grenze in der Nacht längst überschritten, machte sich – die Mittagsstunde war mit der ewig gleichen, monotonen, raschen Wiederholung von „Ick heff keen tiit, ick muss noch wiit“, jenem Mantra des klickenden Räderwerks der ukrainischen Staatsbahn, längst ebenso dahingeflossen – ein nagender und bösartiger Hunger bemerkbar. Seit Berlin, vor 24 Stunden verlassen, war nur ein einziges, mit Gurkenscheiben spärlich belegtes Brot zu haben gewesen, jenes von Frau Valentina geschmierte.

Ein Besuch auf dem Gang, in der Nähe von Abteil 8, die Tüte hing noch dort an ihrem Haken, ein Blick hinein, ein muffiger Geruch von altem Brathahn entströmte ihr; nun hieß es endlich essen, noch nichts auf der Welt hatte so gut geschmeckt, so nahrhaft und so füllend, gleichzeitig so voller Ekel empfunden. Das verdorbene Hähnchen, es infizierte beim Verzehr den Körper auf ähnliche Weise, wie bald der Reaktor die beiden Besucher anstekken würde, auf unsichtbare, virale, mikroskopische, nein, auf subatomare Weise.

Das vierte Siegel
Lobbybar, Hotel Premium Palace, Kiew,
Dienstag, weit nach Mitternacht

An jeder der holzvertäfelten Wände der Bar in Gold und Braun hängen Großbildschirme, über die das monoton-faschistische Programm von „Fashion-TV“ flimmert. Die gebräunten Körper der Models, die allesamt der Strandausgabe von „Sports Illustrated“ entsprungen zu sein scheinen, sie wackeln auf High Heels aus den Wänden über die Augen der bärtigen, bier- oder whiskytrinkenden Geschäftsmänner direkt in deren Gehirne hinein, in ihre animierte Gedankenwelt, in jene Wunschlandschaft, wo die Models aus den Köpfen nach einem kurzen Double-Take mit geschütteltem Dekolleté an der Front des Laufstegs wieder – kalte Schulter zeigend – über die Augen der Geschäftsmänner nicht lediglich in den Eichenfurnieren hinter den Bildschirmen verschwinden, sondern direkt in den überteuerten Premium-Palace-Daunenbetten dieser Bärtigen landen, um dort ihre schmalgewachsenen Modelkörper enthüllt darzubieten.

Ein Rundschwenk durch den mit blauem Flauschteppich ausgekleideten Raum zeigt die Wirklichkeit der nahen Zukunft jener Bärtigen in dieser Nacht: Überschminkte Damen in weißen Lederkleidern mit diversen buntgemusterten Louis-Vuitton-Täschchen rauchen Zigaretten mit Goldfilter und schauen aufmunternd und fröhlich nach den Männern. Einer der Männer, in einem breiten schwarzen Nadelstreif, zischelt nervös in sein rot leuchtendes Mobiltelefon, bevor er erst den Arm senkt, dann das Gerät aus der Hand auf der Seitenlehne des Sessels hinab auf den Boden gleiten läßt und schließlich weiß im Gesicht wird. Er starrt seinen Kollegen gegenüber an und macht den Mund abwechselnd auf und zu. Sein Lachs-Roastbeef-Toast ist nur zur Hälfte gegessen. Der Kollege reißt die Augen auf, nickt mit dem Kopf zu den zugezogenen Vorhängen am Fenster, das auf den Prospekt hinausgeht, und läuft dann mit der Hand vor dem Mund Richtung Toilette davon. Aus dem Nachtrauschen des Innenhofs nun klar zu erkennen: die Silhouette eines Körpers, der sich aus dem milchgelben Licht des Klofensters schiebt.

Das fünfte Siegel – die Posaune

Tschernobyl, Dienstag morgen

Vitalis schneeweißer Volkswagenbus hielt sich konstant bei 130 km/h. Die Landschaft wurde gegen Norden immer leerer, die Gänse verschwanden links und rechts der Fahrbahn, mit einem Mal gab es keine Menschen mehr, einige Militärsperren, dann nur noch grün schimmernde Natur, durch welche die Straße in die Zone eine graue Schneise schnitt.

Wer Tschernobyl betritt, betritt die Bibel. Die Fackel, welche als metallenes Symbol die Besucher der Arbeiterstadt vor den Toren des Reaktors begrüßt, ist der Schweif des großen Sterns aus der Offenbarung des Johannes, der vom Himmel fiel. Der Unfall geschah, wie ein Unfall geschehen muß in der Moderne: als fehlgeschlagener Test für den Ernstfall. Man wollte wissen, was passiert, wenn die entscheidenden Kühlsicherungen ausfallen, und hatte vergessen, das zu testende Rettungssystem zu aktivieren. Der anzutretende Beweis führte zum größten anzunehmenden Unfall, zur Katastrophe, Armageddon, Jehennum.

Unter den wachsamen Augen der Prüfer versagte das von ihnen entwickelte System, weil es ausgerechnet zu der Überhitzung kam, die man vermeiden wollte. Das Höllenfeuer setzte immense Massen Radioaktivität frei, die von den stark wehenden Aprilwinden in drei verschiedene Richtungen getragen wurde. Zunächst nach Westen, in die Ukraine, dann nordostwärts weit bis nach Weißrußland hinein und nach Rußland. Nicht nach Süden, wo die Hauptstadt Kiew liegt. Die unsichtbaren Todeswolken wehten unerkannt, weil niemand wußte, was geschehen war. Der Reaktor 4 mußte mit einem Stahlmantel, dem Sarkophagus, umbaut werden und ist heute als Minimodell im Demonstrationsbüro gleich neben dem echten Reaktor zu sehen. Durch die verkohlten Reste im Inneren kriechen winzige schockgefrorene Rettungsarbeiter aus Plastik.

Tschernobyl ist kein singulärer Horror, sondern nicht endende Aufgabe für alle zukünftigen Generationen weit über das Ende der nuklearen Halbwertzeit hinaus. Die Radioaktivität, die austrat, ist nicht geschwunden, sie ist, wie ein schlummernder Vulkan oder eine vor sich hin dösende Bestie, umhüllt mit Schutzwällen, von Menschen gebaut und von Menschen gewartet. Reaktor 4 ist das schlafende Tier im Gedicht von W. B. Yeats, er ist das Wüste Land bei Eliot. Und er ist natürlich der weiße Wal selbst, Melvilles Moby Dick, das Unaussprechliche.

Rabbi Menachum Nachum und sein Sohn Rabbi Mordechai Nachum aus der Stadt Tschernobyl erschufen auf Anweisung des Herrg___s um das Jahr 1780 herum die Orthodoxie der Chassidim, ihrerseits Schüler des großen Mystikers Rabbi Yisrael Baal Schem Tow. Jahrhunderte später, nach der Auslöschung ihres Wirkens und ihrer Spuren, erst durch die Sowjets, dann durch die deutschen Faschisten, die die Ukraine besetzen, anschließend erneut durch die Sowjets, kehren nun Pilger aus Israel zurück, um die strahlende Stadt zu besuchen und um in einem kleinen Holzverschlag neben dem Gemeindehaus Kerzen anzuzünden und ein Kaddisch zu beten.

Der Stahlsarkophagus ein paar hundert Meter weiter ist knapp zwanzig Jahre später in einem Korrosionszustand, der einen zukünftigen Sarg des Sarges unabdingbar erscheinen läßt, die Sargmaschine in Gang setzend, deren Motor die Resistenz der Strahlung gegenüber der Zeit ist. Eine Teufelsbabuschka ex negativo, die lediglich stets in der nächsten Umhüllung zu denken ist und sich nie zur kleineren Puppe hin entfaltet, sondern immer größer wächst, das nächstkleinere Frauchen vom Moment des Verschlusses der Geschichte an auf ewig ausschließlich in der Erinnerung existierend.

Weisheit klopft nicht an im Haus der Freude, sie ist stets zu Gast im Haus der Trauer, so murmelt der langbärtige Alte, der vor der Sankt-Elijah Kirche steht. Die Kirche ist frisch gestrichen, und der Stern der Juden umzeichnet das Kreuz der Christen davor. Er gehört zu denen, die zurückkehrten trotz der Strahlung. Er hat eine sehr weiße Gesichtshaut, seine Augäpfel rollen umher, er bleibt an der Pforte stehen, schaut lange nach. Dann schüttelt er den Kopf und blickt wieder auf die Kirche.

Die meisten Häuser sind offen, Puppen liegen verstaubt in Kinderbetten, verblaßte Fototapeten ringeln sich von den körnigen Wänden. Es sieht überall so aus, als ob die Katastrophe kein leiser tödlicher Brand mit unerträglich ansteigender Hitze gewesen sei, sondern eine gewaltige Explosion, deren Schallwelle Fenster hat zerspringen lassen, Dächer abdeckend und Räume verwüstend, in denen Menschen umherschleuderten.

Wie auch das Oszillieren der Radioaktivität keiner faßbaren Logik gehorchen will; mal geht sie in einem Gebüsch, das über einen Kindergarten gewachsen ist, gewaltig in die Höhe, wie der hellgraue russische Geigerzähler es verrät, oder sie wird auf einmal ganz unbedeutend an nicht vorhersehbarer Stelle, an einem Stück Teer auf der Landstraße.

Die Natur hat sich aber nicht nur ihr Recht zurückgenommen und die Musterstadt in einen grün wuchernden Totenpark mit Riesenrad und Bürgermeisterpalast verwandelt, sie wächst auch nicht mehr wie gewohnt. Ganz in der Nähe des Roten Waldes dann eine Fichte, deren Äste überdurchschnittlich lange und kurvige – nicht nur gegen die Gravitation, sondern auch ohne internes Gyroskop wachsende – Nadeln tragen, geklonte Wucherungen, das furchtbare Sichtbarmachen der Krankheit in der Natur.

Das Essen in der Kantine stand schon länger bereit, alles Fett, was zur Herstellung der Speise verwendet wurde, hatte sich bereits gesetzt, der Dunst hielt auf dem Teppich seinen Mittagsschlaf. Die weißbeschürzte Kellnerin entrollte den Bohnen-Karotten-Kohlsalat unter der Frischhaltefolie und schenkte blaßrosa Erdbeerpunsch aus einer Glaskanne in die Gläser. Der Borschtsch schwappte im Suppenteller unter einem dicken Klacks Sauerrahm umher. Als Nachtisch wurden Marzipankringel zum heißen Kaffee gereicht.

Die Stahlapparatur, in die sich jeder Besucher vor dem Essen stellen mußte, seine Hand seitwärts an die Stahlplatten haltend, als gälte es, den Unfall in all seiner metallischen Kälte zärtlich zu umarmen, hatte nach einem Rattern und Britzeln die grüne Lampe aufblinken lassen wie das Abblendlicht eines Jahrmarkt-Gokarts.

Später, am Abend in Kiew, fanden wir das namenlose, nur durch eine verrostete Katzenskulptur kenntlich gemachte Künstlerrestaurant am Geburtshaus von Michail Bulgakow verschlossen und eingemottet. Kiew spuckte uns südwärts aus.

Das sechste Siegel

Landeanflug mit Aeroswit, Odessa
Mittwoch nachmittag

Ach, Odessa. O-D-E-S-S-A. Ein Wort, dessen alleinige Aussprache – wie das gesamte Schwarzmeergebiet einschließlich Sewastopol und Jalta – über Jahre beim Überfliegen diffuse Sehnsüchte ausgelöst hatte: einmal nicht nur aus 33.000 Fuß die wolkenlose Nachmittagssonne dort unten im friedlichen Dunst Schatten werfen zu sehen, sondern selbst da zu sein, im Ideenreich Majakowskis, Eisensteins, der Sängerin Alexandra und der Tschechowschen Krim-Idylle.

Der wirkliche Besuch in diesem – lange wie ein mit Haselnußholz legiertes Utopiekästlein gehüteten – Kirschgarten entpuppte sich bereits beim Landeanflug über die brutalistischen Sub-Plattenbau-Vorortschachteln wie eine enttäuschende Frucht, die man für viel Geld gekauft hat und die sich nun, nach dem Schälen, als faulig erweist.

Der Flughafenbus, ebenfalls in verwittertem Gelb und Hellblau gehalten, war eine Art ausrangierter Schienenbus, der von einem „KAMAC"-Schwerlastentraktor in Richtung Flughafengebäude gezogen wurde. Hier, wenige Kilometer von der neuen EU-Grenze Rumäniens entfernt, erreichte unsere Seelen zum zweiten Mal jene tiefe, nostalgische Melancholie des Ostens; das halbkaputte Eisenfahrzeug, das es nicht mehr aus eigener Kraft schafft, seine Bestimmung zu erfüllen, sondern gezogen werden muß, verrosteter Stahl, braun-gelbliches Plastik, nur noch aus der Schnittstelle von türkischer Schludrigkeit und stalinistischer Entbehrung genährt.

Über den Busen. Die unschuldige Reinheit der Muttermilch besteht in ihrer ehrlichen Zusammensetzung. Alles, was die Mutter an Nährstoffen durch ihre Nahrung aufnimmt, wird gefiltert und kondensiert durch den Busen an das Kleinkind abgegeben. Der Säugling definiert sich wie sein Name nur durch das Fluidum des anderen, der Mutter. Das Baby kennt nichts anderes, keine weltliche Nahrung – bis zum fünften Monat nimmt es nur diese vampiristische Speise des Ehrlichen zu sich. Der Busen lügt indes nicht, er gibt nur das weiter, was in der Mutter bereits enthalten ist. Seine schützende halbrunde Form, die das Kleinkind wie ein Mantra ergreift, weil es die Verheißung auf das tägliche Brot, sein Manna also, darstellt, hat auch in der Architektur der Ukraine einen zentralen Platz bekommen.

Erst durch seine Allanwesenheit im Straßenbild von Odessa – der Busen war dort in seinen sämtlichen Ausformungen allerorten zu beobachten; mächtig wippend, taumelnd, annuntiativ wiegend – wurde klar, warum auch der Sarkophagus, jener erste aus Stahlplatten und Beton errichtete Schutzmantel, der den Reaktor 4 umgibt, den risikowillige Bauarbeiter direkt nach der Katastrophe gebaut hatten und der sich heute, fast zwanzig Jahre nach dem tödlichen Apriltag, schon sichtbar im Zustand der Korrosion befindet, nun von einem Halbrund überzogen werden muß, dem Schutz des Schutzes also, der deutlich werden läßt, daß die grausamste Pointe des Reaktorunfalls in seiner unendlichen Aufgabe an die Menschheit besteht: zu verhindern, daß aus dem Unfallmüll ein weiterer Unfall geboren wird; ein Atombusen ungeheuerlichen Ausmaßes, den kein Büstenhalter dieser Welt mehr wird sichern können.

Das siebte Siegel – die Verkündung

Uliza Deribassowskaja, Odessa

Donnerstag abend

Der ukrainische Mann trägt zum kragenlosen, fleischfarbenen Hemd, das er gerne aus der Hose hängen läßt, um einerseits den bereits im Jungenalter vorhandenen Männerbusen zu kaschieren und andererseits das am Gürtel befestigte Mobiltelefon spazierenzuführen, ausschließlich sehr spitz zulaufendes Schuhwerk, mehrere Nummern zu groß, dessen herrliche Spitzen wie Narrenschuhe beim Gehen hinaus und nach oben ragen. Jener Schuh des ukrainischen Mannes, so fiel uns auf, erinnerte an den lässigen Gestus mexikanischer Banditen, gemahnte aber auch an die Zeit vor 1989 – in der im Westen gerne spitze Cowboystiefel getragen wurden, allein, es gab damals hinter dem Eisernen Vorhang jenes Schuhwerk und die dazugehörende „Fuck off"-Attitüde nicht. Jetzt holte man im Schnelldurchlauf das Verlorengeglaubte nach, als totemistische Angleichung an die inzwischen alles mit ihrem langen Schatten überziehende, organisch gewachsene Westmode.

Um sich also der ukrainischen Manneskultur anzugleichen, betraten wir im sommerlichen Odessa ein Schuhgeschäft, die Ware war um 20 % reduziert. Draußen auf der Deribassowskaja schien die Sonne, drinnen probierten wir mehrere Schuhe der Marke „Vladis" an. Es gab zu unserem Erstaunen keinen einzigen Schuh mit Rundungen, selbst Herrensandalen liefen recht übertrieben spitz zu. Schließlich wurde das hautfarbene Modell „Vladis-Elegant" gewählt, zu 120 Hrywhjas, abzüglich 20 %, also 98 Hrywhjas, um die 14 Euro. Die Schuhe wurden gleich angelassen.

Beim Verlassen des Schuhgeschäfts fielen die Blicke der Passanten, die vorher etwas mitleidig über die Rundungen unserer Clarks Desert Boots hinweggesehen hatten, wesentlich hochachtungsvoller aus; Geschäftsmänner wichen umständlich aus, die von jedem Mann ums Handgelenk getragene lederne Herrenhandtasche wurde etwas fester, um nicht zu sagen: etwas ängstlicher gehalten, murrende und halbvermummte Eminem-Jugendliche zollten unserem Gang die Deribassowskaja hinunter Respekt, indem sie plötzlich die Straßenseite wechselten, vormals pöbelnde Clochards wurden ganz ruhig und versteckten sich hinter Straßenschildern.

Odessa war, hastig gesprochen, das von Unfähigkeit geprägte Wendemanöver, der Stretchlimousinenwahn, der Autobieper, der leere Historismus. Odessa war, wie Amerika, in seiner heutigen Gestalt erst 200 Jahre alt, es gab den Boulevard der gescheiterten Träume, die Biere in jeder Hand, es gab Matrosen, Potjomkin, das Cruisen, die Feuerstarts mit quietschenden Reifen, die zugebaute Treppe von Eisenstein, das Ponyreiten, die Alligatoren, das doppelte Herrenhandtäschchen, die Hemdenunsicherheit, „HOTI-PYCS“, die Heiratsvermittlungsagenturen, die Nicht-Bekleidung überhaupt, die allanwesende Nationalflagge (bis hin zu den Faltjalousien der Reisebüros), den Fahrer Leonid, den Nimbus des VW-Passat und mehr Porsche Cayennes als in der Innenstadt von Stuttgart.

Und auch wir selbst hafteten uns an die Ukraine: Durch die hauchdünne Plastikledersohle bekamen plötzlich die seit Jahren kultivierten Zehballen, am vorderen Teil des Schuhs nun direkt den schräggesetzten Kopfsteinklumpen ausgesetzt, einen Abriebfaktor, der sonst nur in der nächstbesten Trattoria beim sparsamen Trüffelhobeln erreicht wird. Auch beim Gehen, so wurde bemerkt, mußte eine komplizierte, augenblicklich gesundmachende Zehengymnastik betrieben werden, indem man den Ballen mit sämtlichen Zehen wie eine Fußmarionette gleichzeitig mitten beim Nachschwingen im Schuh nach oben reißt, um so, endlich, den männlich-ukrainischen Schritt zu erreichen. Ein Wort noch zum Absatz jenes ukrainischen Männerschuhs: Er ist so hoch, daß die vorne abfedernde Spitze dem hinten beim Gehen hochschnellenden Absatz so wenig Halt bietet, daß der gesamte Fuß in eine Art elliptische Flugbahn versetzt wird, wie sie zuletzt nur der Skispringer Jens Weißflog vor seinem finalen Sport-Showdown auf und nach der Vierschanzentournee in Garmisch-Partenkirchen erreicht hatte: der im Hochflug schon enthaltene ikarische Absturz metaphorisch verwirklicht.

Dieser Absturz des gefallenen Engels, das Leuchten im freien Fall, das hochgeworfene Streichholz, das Herabfallen des Sterns, es zu sehen, wurde in Odessa gewährt, begleitet vom Satz aus der Chassidischen Lehre, mit den Worten des großen Gelehrten Rabbi Menachum Nachum von Tschernobyl: *Refuat hanefesch u're-fuat haguf*.

FASERLAND

Science-Fiction-Film / Treatment / 2004

Schwarzer Screen. Wir hören „Damaged Goods" von Gang of Four. Auf der Leinwand die Worte: Am 1. August des vergangenen Jahres kam es im Atomkraftwerk Rheinsberg in der Nähe von Berlin zu einem schweren Reaktorunglück. Fast das gesamte Gebiet der ehemaligen DDR ist auf 40.000 Jahre radioaktiv verseucht und unbetretbar.

Titelsequenz: Die Kamera ist an einen Hubschrauber montiert und fliegt mit rasender Geschwindigkeit auf eine lange Küste zu, knapp über dem Meer. Es ist die Insel Sylt.

Titel: FASERLAND

Überblauer Sommerhimmel, wenige Schönwetterwolken am Horizont. Leere Landstraße List-Kampen, Mittagshitze, Dünen flimmern. „Damaged Goods" klingt jetzt sehr gedämpft.

Extreme Nahaufnahme: Ein Nacken, der von einer Mücke gestochen wird, eine Hand, die irritiert den Mückenstich kratzt, mit dem Fingernagel wird ein kleines Kreuz in den Mückenstich geritzt. Ein gutaussehender junger Mann in dunkelblauer Latzhose, blondem Seitenscheitel und weißem T-Shirt steht barfuß mit einer Plastiktüte in der Hand und einem Walkman auf dem Kopf am Rande der Landstraße, sieht sich langsam nach links und rechts um. Kein Fahrzeug ist auf der flimmernden Straße zu sehen. Nur direkt vor ihm am Boden funkelt etwas in der Sonne. Der junge Mann sieht lange hin, hält die Hand vor die Sonne und öffnet die Finger, so daß das Sonnenlicht hindurchscheint. Er kratzt sich am Nacken. Wieder schaut er auf das glänzende Etwas. Neugierig tritt er auf die Straße.

Von Kampen her nähert sich ein Linienbus der Firma Ruy Prahl. Der Busfahrer versucht, mit der Hand nach einem Borkenkäfer zu schlagen, der auf der Innenseite der Windschutzscheibe krabbelt. Gleichzeitig verlangt ein Fahrgast lautstark eine Quittung. Lachend hält ein Kleinkind dem Fahrer von hinten die Augen zu. Der Bus gerät ins Schlingern und nähert sich unkontrolliert der Haltestelle. Der junge Mann bückt sich, vertieft in die Beobachtung, um den funkelnden Gegenstand aufzuheben.

Der Bus rast knapp an dem jungen Mann vorbei, der in dem Moment geschockt aufsieht und dessen Gesicht an der gesamten Längsseite des Busses entlangschleift. Der Bus kommt von der Straße ab, überschlägt sich einmal und bleibt auf der Seite im Deichgraben liegen, die Räder rollen aus. Es gibt eine müde Detonation, Flammen züngeln aus dem Radkasten. Leises Gewimmer aus dem Bus. Der junge Mann liegt leblos mit dem Gesicht nach unten auf der Straße. Neben seinem Kopf eine Blutlache, in der etwas blinkt; die Kamera fährt heran. Es ist ein kleines Stahlkästlein, auf dem das Wort „Dönitz“ eingraviert ist.

Unser Held, nun von einem anderen Schauspieler gespielt, erwacht in einem Zimmer der Nordseeklinik. Auf dem Nachttisch liegt der kaputte Walkman. Er befühlt sein Gesicht. Er steht auf und sieht in den Spiegel, in dem er plötzlich sieht, daß sich noch jemand anders im Raum befindet: Es ist ein hübsches Mädchen, seine Freundin Karin. Sie sitzt auf einem Stuhl und läßt enerviert einen Autoschlüssel um ihren Finger kreisen.

Er erkennt sie nicht und fragt sie, wer sie sei. Sie erkennt ihn, gibt die Frage zurück. Sie frage sich in der Tat auch schon lange, wer er überhaupt sei und was das mit dem Vor-den-Bus-Schmeißen nun wieder zu bedeuten habe. Er solle sich vielleicht selbst mal fragen, wer er sei und was er eigentlich wolle. Genervt erklärt sie ihm, daß es aus sei mit ihnen, seinen Wagen könne er auch behalten, und sie solle er am besten ganz schnell vergessen.

Sie streichelt ein letztes Mal sein Gesicht, ohne es zu berühren, er will ihre Hand nehmen, aber sie verläßt das Zimmer. „Mir reichts. Ich fahr nach Hamburg, zu Nigel." Er will ihr hinterher. Vor der Tür stehen die Ärzte und schieben ihn ins Zimmer zurück. Nein, sagt der Chefarzt Dr. Frank Rebenmaul, Sie können noch nicht aufstehen, Sie bleiben noch da, zur Beobachtung.

Am frühen Abend, nach der Visite, schleicht sich unser Held aus dem Zimmer. Auf dem Nachttisch bleibt die Plastiktüte mit seinen Sachen sichtbar liegen. Er läuft durch Gänge, eine Gruppe von Ärzten biegt um die Ecke, er gerät in einen gesonderten Teil der Klinik. Ein Schild: B-Zone (Randgebiet). Schwache Strahlengefahr. 11 Minuten max.

Das Licht ist ein kaltes Neongrün, Maschinen zischen. In den Betten, die zusammengepfercht im Raum stehen, liegen Menschen mit früh gealterten Greisengesichtern an viel zu jungen Körpern. Das leise, aber immerwährende Geräusch eines Geigerzählers. An den Betten sind Landkarten zu sehen, auf denen in Orange der Sektor bestimmt ist, die Herkunft des Patienten. Es ist die Umgebung von Berlin. Unser Held irrt zwischen den Betten umher, ein schauriger Greis greift nach seinem Arm. Er deutet mit dem Finger auf seine ausgedörrte Zunge, und unser Held sucht und bringt ihm ein Glas Wasser. Gierig trinkt er aus. Der Greis zieht ihn am Kragen an sein Gesicht heran und flüstert heiser: Tat twam asi. Tat twam asi. (Sanskrit: Das bist du)

Der Greis zieht aus seinem Leibchen ein Foto, auf dem eine junge Frau zu sehen ist, ihr dunkles Haar zu einem Pagenkopf geschnitten. „Meine Frau. Bitte, geh in die Zone und hole sie da raus. Versprich es mir." Eine Träne kullert aus seinem Auge. Unser Held sieht sich das Foto an, schluckt, nickt stumm und steckt das Foto weg.

Dr. Frank Rebenmaul kommt im Folienanzug herein. „Was machen Sie denn hier? Das ist verboten!" Unser Held entwindet sich dem Greis und flüchtet an Rebenmaul vorbei aus dem Zimmer und der Nordseeklinik auf den Parkplatz, wo sein Triumph-Cabrio steht.

Unser Held fährt los, bemerkt, daß kein Benzin mehr im Tank ist. Er fährt die Tankstelle bei der Ortseinfahrt Westerland an und tankt voll. Überall lagern Asoziale am Rand des Terrains und schnüffeln aus Plastiktüten. Als er losfahren will, ohne zu zahlen, jagt der dicke Besitzer der Tankstelle die Asozialen auf ihn los, die aufspringen, sich auf den Wagen werfen und die Kühlerhaube mit ihren Stiefeln verbeulen. Er springt aus dem Cabrio und rennt Richtung Bahnhof davon. Sein Blick zurück zeigt: Die krakeelenden Asozialen besetzen sein Triumph-Cabrio und beschmieren die Sitze und das Lenkrad mit Kartoffelsalat, den sie aus den Schnüffeltüten schaufeln. Der Tankwart geht kopfschüttelnd wieder ins Häuschen. Unser Held rennt durch die brutalistische 70er Jahre-Fußgängerzone Westerlands, an der „Dicken Willemine“ vorbei, und hechtet zum letzten Zug nach Hamburg.

Er erreicht den Zug – den IC Sebottendorf – nach Hamburg in dem Moment, da sich die Türen schließen. Der Schaffner ist schmutzig, schwitzt, trägt einen Schnauzbart und goldene Ohrstecker. Unser Held entschuldigt sich damit, sein Vater sei vorne in der ersten Klasse, der habe die Fahrkarten. Er zwängt sich am Schaffner vorbei, durch die in den Gängen lagernde Bundeswehrsoldatenmenge.

Der Zug fährt über die abendlich erleuchtete Nord-Ostsee-Kanalbrücke. Vier volltrunkene Soldaten greifen einen fünften Soldaten, schwingen ihn hin und her, öffnen die Zugtür und werfen ihn mit lauten Hurra-Rufen aus dem fahrenden Zug in den Kanal.

Im Speisewagen geht unser Held zum einzig freien Platz. Gegenüber sitzt Dr. Frank Rebenmaul, der ihm erklärt, was es mit der Zone auf sich hat.

Sie erreichen Hamburg.

Im Taxi hängen Reliquien und Ikonen. Der Taxifahrer ist Christ. Sie fahren durch Straßenzüge, überall riesige Plakate, die vom Neo-Evangelischen Hamburg künden, von der neuen Dauersynode. Vor den Kirchen bewaffnete Soldaten in schwarzen Kevlar-Anzügen.

Im feinen Stadtteil Pöseldorf. In Nigels Architectural-Digest-Wohnung eine Schar Pöseldorfer Christen. Kerzen. Gespräche über die neue Moral, Enthaltsamkeit und die Solidargemeinschaft. Vorbereitung auf den Kirchentag. Lauter ernste junge Menschen offerieren Tee und Gebäck.

Unser Held fragt: „Welcher von euch Christen ist denn Nigel?" Nigel steht auf, begrüßt seinen alten Freund herzlich, der ihn nicht erkennt. „Gut siehst du aus. Was brauchst du, Bruder? Willst du nach Heidelberg? Da musst du hin, wenn du wissen willst, was es heißt, Gott nahe zu sein." Unser Held druckst herum, er sagt, er habe auf Sylt einen Unfall gehabt und nun kein Geld mehr, aber prinzipiell wolle er in die Zone. „Warum Heidelberg?" fragt er. „Ist die Zone denn in Heidelberg?" Keine Antwort.

Alle beginnen, christlich zu summen und das Wort „Neckarauen" zu chanten. Nigel reicht einen Klingelbeutel umher, der sich sehr rasch mit Tausenden von Euro füllt. Währenddessen kommt Karin aus der Toilette. Sie sieht unseren Helden, der auf sie zugeht, sie schließt sich sofort wieder in die Toilette ein. „Verschwinde! Lass mich endlich in Ruhe, du Psycho!"

Eine junge Frau mit Brille und dunklem Pagenkopf nimmt ihn beiseite und geht mit ihm auf den Balkon. Es ist die schöne Rolla. Gemeinsam stehen sie da und schauen in die beginnende Nacht. Ein Lied erklingt, es ist „If I didn't care" von den Ink Spots. Rolla singt die ersten Zeilen, Nigel tritt hinzu und singt den männlichen Part.

Die Kamera löst sich vom Balkon und schwebt in den Vorgarten hinab, dicht an grellbunten Blumen entlang, durch Gebüsche, auf die Straße, wo ein Zug Lampion tragender Kinder marschiert, dann dreht sich die Kamera wieder zum Balkon hinauf, oben singen Rolla und Nigel weiter; während sich alle drei in einem synchronisierten Wippgroove bewegen, endet das Lied.

Unser Held erwacht im Vorgarten, neben ihm der Klingelbeutel. Er geht zur Haustür, klingelt, niemand antwortet, die Tür bleibt verschlossen. Er steckt das Geld ein, steigt über die Büsche und hält ein Taxi an. Oben am Fenster, hinter einem nachschwingenden Vorhang, beobachtet Rolla telefonierend seine Abfahrt.

Am technokratischen Flughafen Fuhlsbüttel, am Schalter der Lufthansa. Die erste Maschine geht nach Frankfurt, die einzige Klasse, in der noch Plätze frei sind, ist die neue „Dark Admiral Class". Er schiebt ein Bündel Scheine über den Tresen und hält sein Auge an den sonderbar viktorianisch anmutenden Retinalscanner. Es klickt, grünes Licht, und die Einchecktante händigt ihm wohlwollend das Ticket aus: „Ich fand das alte Design auch besser. Irgendwie menschenfreundlicher. Na ja. Fliegen Sie mit Gott."

In der Dark Admiral Lounge, die im Bauhaus-Stil mit schwarzem Samt ausgeschlagen ist, überfliegt er die Titelseiten und Schlagzeilen der Hamburgisch-Christlichen Tagespresse. Um ihn herum sitzen nur sehr alte, fast greisenhafte Menschen und eine kurzsichtige alte Dame. Sie trägt ein hellgraues Twinset, eine Perlenkette, Pagenkopf und eine dicke Hornbrille. Sie erhebt sich mühsam vom Mies-van-der-Rohe-Sofa, tapert auf ihn zu und begrüßt ihn als ihren Enkel. Peinlich be-, aber auch gerührt nimmt er sich der alten Dame an und spielt die Rolle mit. Der Flug wird aufgerufen, sie gehen eingehakt zum Gate.

Vorm Flughafen: Der echte, dickliche Enkel, der dem Helden nur sehr entfernt ähnlich sieht, kommt gehetzt mit einem Mitsubishi Lancer angequietscht. Auf dem Beifahrersitz sitzt Rolla und treibt den dicken Enkel zur Eile an. Sie rennen zum Schalter, der Enkel fragt nach seiner Oma, aber es ist zu spät, der Flug ist geschlossen. Rolla kauft sich sofort ein Ticket nach Frankfurt.

Im Flugzeug – die Dark Admiral Class ist eine exakte Kopie des Barcelona-Pavillons von Mies van der Rohe, die Glasflächen sind Hologramme – erzählt ihm die alte Dame von der bevorstehenden Erbschaft, daß sie sich ja solche Gedanken macht und daß sie extra etwas für ihn vorgesehen hat, das nicht in den Fundus des Testaments eingehen soll: „Die Familie ist ja so undankbar.“ Er greift in seine Tasche und zieht die Fotografie heraus, die ihm der Greis in der Klinik gegeben hat, und hält ihr das Bild hin. Ihr Gesicht erfriert in einer starren Miene, und sie greift in ihre Handtasche. Nun schiebt sie ihm eine Stahlschachtel zu, auf der der Name „Dönitz“ eingebrannt ist. Er möge sie gut aufbewahren.

Die Stewardeß fährt einen Wagen mit schwarzen Schnabeltassen den Gang hinunter und teilt sie an die alten Menschen aus. Es gibt Schwarzbrotschnitten.

Plötzlich fällt, während sie essen und trinken, der Druck in der Maschine, und sie sackt ab. Schwarze Gasmasken fallen aus der Decke, die alten Menschen greifen sich wie choreographiert ans Herz, und die Stewardessen in den schwarzen Uniformen stolpern synchron durch den Raum, die Schwarzbrotschnitten und das Handgepäck fliegen umher, die Maschine scheint im freien Fall, es saust und pfeift wie in einem Jetfighter beim Bombenangriff.

Montage: Extreme Nahaufnahme der vibrierenden Ohrenhaare eines sehr alten Mannes. Die Flamme einer Kerze weht im Wind. Rauschen. Dann mehrere Kerzen, ein Rabbiner im Kreise einiger Kinder liest den Sabbat. Leise und blechern ertönt die Melodie von „If I didn't care". Unser Held sitzt auf einem Stuhl und hält das Foto der jungen Frau aus der Zone in der Hand, sieht aber an die Wand. Dann eine neblige Wiese, Flüchtlingszelte, Wind kommt auf, weht Müll und Papier zwischen den Zelten umher. Absperrungen, Stacheldraht, alles wirkt wie eine Baustelle, behelfsmäßig – es ist die Grenze zur Zone. Eine rote Leuchtrakete fliegt von irgendwoher hoch und taucht für ein paar Sekunden den Nebel in ein milchig-orangefarbenes Licht.

In den Wäldern der Zone: Unser Held läuft auf einem Pfad, an Bäumen vorbei, das Unterholz knackt, von irgendwoher das helle Lachen eines Kindes. Er erschrickt, dreht sich um, auf dem Pfad hinter ihm steht der Greis aus dem Krankenhaus. In dessen offener Handfläche eine Walnuß, die aufplatzt.

Unser Held schlägt die Augen auf. Alles ist ganz normal, die alte Dame neben ihm schläft lächelnd, ihr Twinset ist nicht einmal derangiert. Das Bordessen der Lufthansa liegt noch verpackt vor ihnen, nichts ist passiert. Das Flugzeug beginnt den Landeanflug auf Frankfurt. In der letzten Steilkurve schimmern kurz die Wolkenkratzer. Unser Held schiebt sich die Dönitz-Stahlschachtel in die Tasche seiner Jacke. Das Flugzeug rollt aus. Ohne abzuwarten, daß die alte Dame erwacht, läuft er in den Finger. Er schliddert auf dem Noppenboden, fängt sich aber wieder, reißt dabei einen ihm entgegenkommenden Polizisten um, der ihn sofort nach seinem Ausweis fragt. Er greift in die Tasche und hält dem Polizisten einen Paß hin. Nahaufnahme: er ist ausgestellt auf den Namen „Wiligut", und die Gesichtszüge auf dem Paßfoto zeigen einen ältlichen langhaarigen Bartträger. Der Polizist lächelt, winkt ab, zwinkert, gibt ihm den Paß zurück und bedeutet ihm, er möge weitergehen.

Rolla läuft an demselben Polizisten vorbei, besinnt sich, geht zurück und fragt, wo denn die Züge nach Heidelberg abfahren. Er deutet nach unten.

Am Flughafenbahnhof fährt pfeilschnell der ICE Weisthor ein. Die Tür, die vor unserem Held zu stehen kommt, ist eine weiß eingerahmte Pforte, die sich sehr langsam erst vor- und dann seitwärts hydraulisch öffnet.

Rolla steigt hinten ein, unser Held zeitgleich ganz vorne. Er fällt in den Sitz, ermattet, erschöpft, er lehnt mit der Stirn an das verdunkelnde Fensterglas, prüft den Fettfleck, den seine Stirn auf der Scheibe hinterläßt. Im Fettfleck erscheint gespiegelt das etwas verzerrte Gesicht von Udo Kier. Höflich fragt dieser, ob da wohl noch frei sei. Kier zündet sich eine Zigarette an, saugt den Rauch hungrig ein und bläst ihn unserem Helden ins Gesicht. „Sind Sie auch Christ?" fragt Kier. „Nein. Ich muß aber in die Zone. Wo ist die denn?" Kier: „Kommen Sie mal mit." Kier geht in Richtung Wagenübergang. Unser Held folgt ihm, beide betreten zusammen die Behindertentoilette.

Udo Kier klappt die Wickelablage herunter. Im hellblauen fahlen Licht stellen sich beide nebeneinander vor den Spiegel. Kier formt mit Daumen und Zeigefinger der rechten Hand vor seinem Auge einen Kreis, eine Null. So bleiben sie lange still nebeneinander stehen, bis das Neonlicht plötzlich anfängt zu britzeln.

Auf dem Kontrolleuchtbord im Wagenübergang sieht man die rote Warnleuchte für „Schaffnerruf" eine ganze Weile monoton blinken. Rolla geht vorbei, drückt die Klinke der Behindertentoilette nieder, es ist abgesperrt. Aus dem Inneren dringen Gurgelgeräusche, sie geht weiter.

Der ICE Weisthor verlangsamt seine Fahrt, unser Held sitzt mit verrutschtem Scheitel wieder auf seinem Platz. Vor dem Fenster ist der bläuliche Schriftzug „Heidelberger Druckmaschinen" zu sehen, bei dem Wort „Druckmaschinen" sind die Buchstaben vier und fünf sowie die letzten zwei ausgefallen. Wir lesen: Drumaschin.

Im Fünfziger-Jahre-Bahnhof Heidelberg drängt ein ganzer Zug Hans-Georg-Gadamer-Festspielbesucher vom Nachbargleis die Treppen zum Übergang hinauf. Unser Held versucht, sich auf der Rolltreppe links an ihnen vorbeizudrücken. Eine laute Ansage begrüßt die Besucher viersprachig, auch auf chinesisch. Sie werden forsch aufgefordert, sich in Reihen zu sammeln. In der Halle mischen sich mit den Gadamer-Festspielbesuchern in Abendgarderobe unzählige Dreadlock-Raver und eine große Gruppe fahrender Christen mit hochgehaltenen Pappschildern, auf denen „Das Strafgericht“, „Kehrt Um“, „Neo-Hamburg“ und „Der Herr Kommt Zu Uns, Und Er Ist Sehr Erbost“ steht. An den gestikulierenden Christen vorbei, endlich auf dem Vorplatz angelangt, besteigt unser Held ein Taxi zur Pension Dirlewanger. Als er den Namen sagt, stellt der Fahrer die Uhr aus, merkt zufrieden an, daß er also zur Hilde wollte, und räuspert sich. Im Fond befühlt unser Held seinen Kehlkopf.

Hilde Dirlewanger steht hinter der Rezeption und inspiziert einen hellblau leuchtenden Mückenfängergrill an der Wand. Als unser Held eincheckt, britzelt es gerade im Grill. Er kratzt sich unbewußt im Nacken. Im Radio hinter der Rezeption wird mit abgehackter, scharrender Reichssender-Stimme von den Eröffnungsfeierlichkeiten der Gadamer-Festspiele berichtet. Frau Dirlewanger überreicht den schweren Zimmerschlüssel aus Kupfer und geht voran, die Treppe hinauf und den Gang hinunter zu Zimmer Nr. 8. Ein weißer Hund huscht, während beide vor der Tür stehen, in Zeitlupe über die Dielen.

Im Zimmer liegt unser Held auf dem Bett und schaut die Tapete an, die mit einem Muster aus unzähligen Schmetterlingen und Zweigen bedruckt ist. An der Decke ist ein alter eingetrockneter Wasserfleck mit den Umrissen von Belgien zu sehen, der plötzlich zu wachsen beginnt. Gleichzeitig klingelt das ältliche Telefon auf dem Nachttisch. Beim sechsten Mal hebt er den Hörer ab. Eine Frauenstimme fordert ihn eindringlich auf, sofort ins Bad zu gehen, und er legt auf. Er zieht die Socken aus und riecht an ihnen, dann zieht er sie wieder an.

Rolla legt in einer Telefonzelle des Heidelberger Hauptbahnhofs den Hörer auf. In der Zelle klebt ein Plakat für den Gadamer-Rave auf der Thingstätte. Sie vergleicht die Anfangszeit auf dem Plakat mit ihrer Armbanduhr.

In der Max-Bar, im Pariser Bistro-Stil der vierziger Jahre gehalten, rufen an den Wänden Plakate zur französischen Kollaboration mit den deutschen Besetzern Frankreichs auf. Mehrere Gruppen junger Männer in vollem Wichs. Die Korpsstudenten tragen Schärpen und Mützen in den Farben ihrer Verbindungen, in den Händen schwere Zinnhumpen mit schaumigem Heidelberger Dunkelbier. Unser Held mischt sich unter die am Tresen Bestellenden und bekommt ein Dunkelbier in die Hand gedrückt. Als er sich für das Gratisbier bedanken will, winkt einer der Studenten ab. Es ist Eugen. Dem hochgewachsenen Korpsstudent fällt die blonde Tolle seiner Seitenscheitelfrisur ins Gesicht, er pustet sie aus dem Mundwinkel zur Seite und prostet unserem Helden mit dem Grußwort „Vichy!“ zu. Die beiden trinken den Humpen auf Ex, zwei weitere Biere stehen schon bereit. Es folgen sehr rasch viele Biere.

Eugen, drei adrette Mädchen mit Hochsteckfrisuren und unser Held taumeln trunken durch die Heidelberger Altstadt. Immer wieder taucht zwischen den mittelalterlichen Gebäuden das mit Flaklicht bestrahlte Heidelberger Schloß auf. Sie haben sich freundschaftlich untergehakt, prosten einander immer wieder mit den Humpen in der Hand zu und singen im Stil alten deutschen Liedguts.

Von der anderen Seite des Neckars dringen Fanfarenstöße in die Nacht, wir sehen den ersten Spielzug der Gadamer-Festspiele, wie er Richtung Thingstätte zieht. An der Spitze ist eine Pappmaché-Figur mit dem Gesicht des Philosophen Hans-Georg Gadamers zu sehen, über dem in alten Runen das Wort „Wahrheit“ steht. Bauernleute und Edelmänner tragen Fackeln. An der alten Brücke treffen sie auf den zweiten Zug, er sieht identisch aus, nur das Wort über dem Konterfei ist „Methode“.

Vor einer Jugendstilvilla in der Dantestraße eine Menschentraube. Einzelne versuchen, an den beiden weißrussischen Türstehern vorbeizukommen, werden abgewiesen. Als die Gruppe um Eugen erscheint, bildet sich eine Gasse in der Menschentraube, Paare weichen zurück, einige wenden das Gesicht ab. Die beiden Türsteher weisen mit theatralischer Geste den Weg ins Hausinnere.

Die Eingangshalle gleicht dem Lettner einer gothischen Kathedrale – viel dunkles Holz, geschnitzte Passionsfigurengruppen, Weihrauch, eine überdimensionale Reproduktion des Isenheimer Altars, komplizierte Blumengebinde. Auf den Fensterbänken des Steintreppenhauses große Schalen, in denen kunstvoll arrangierte Früchte verschimmeln. In der Mitte der Halle senkt sich von der Decke eine goldene Kapsel herab, die sich langsam öffnet. In ihr thront ein vollbärtiger Mann im Schneidersitz. Unser Held muß fast würgen, da aus der Kapsel der Dampf eines ekelerregenden Geruchs entströmt. Der Vollbärtige öffnet langsam den Mund zu einem Kreis, einzelne gelbbraune Zahnstümpfe sind zu sehen. Unser Held sucht einen Drink, findet einen fast leeren Kasten Milchflaschen, die in den Aussparungen des Lettners stehen, und nimmt sich eine Flasche.

Eugen greift ihn am Ellenbogen und will ihn sanft, aber bestimmt die große Empfangstreppe hinaufziehen. Oben wird ein resigniert und erschöpft um sich tretendes junges Reh von grienenden Korpsstudenten an einem Kälberstrick in ein Zimmer gezogen. Unser Held will ganz sicher nicht nach oben gehen, entwindet sich Eugens Arm; dessen Oberhemd rutscht über den Bund und legt auf Eugens nackter Bauchhaut eine eingewachsene fleischfarbene Steckdose frei. Unser Held flüchtet treppabwärts, an der goldenen Kapsel vorbei, in eines der großen Zimmer im Erdgeschoß. Ein riesiger Steinkamin, in dem ein fahles Feuer lodert, daneben zwei dunkle Öffnungen, die bis zum Rand ausgespart sind. Er tritt in die linke Öffnung hinein.

Ein dunkler Gang, wir folgen ihm auf seinem Weg, den unser Held mit einem Bic-Feuerzeug nur unzureichend erhellt. Das Feuerzeug wird zu heiß, er läßt es fluchend fallen und sieht den Schein einer Tropfkerze, die in einer Korb-Chiantiflasche steckt. Dort, an der lehmigen Wand des Tunnels, kauert Karin. In ihrer Armbeuge steckt eine aufgezogene Spritze. Karin wimmert. Unser Held hastet weiter.

Auf der Waldbühne der Heidelberger Thingstätte ist die Late-Night-Gadamer-Performance in vollem Gange. Während Laibachs „Life is Life" aus Lautsprechern dröhnt, malt eine Zwanzigschaft weißbärtiger blinder Senioren mit ihren braunen Blindenstöcken choreographierte Buchstabenreihen in die Luft. Sie halten sich allesamt an beräderten Gehhilfen fest und tänzeln leichtfüßig über die Bühne. Von rechts kommend, schlagen einige als Aidskranke im Karposi-Syndrom-Endstadium verkleidete Studenten Purzelbäume, während langbeinige, blonde, stark geschminkte Turnerinnen in SS-Uniformen verzückte Ausdruckstänze vorführen.

In der Fachwerk-Kulisse öffnet sich links unten ein Türchen, durch das unser verwirrter Held auf die Bühne steigt. Er sieht die Performance quasi von hinten und blickt nach oben. Am nächtlichen Himmel hängen zwei große graue Zeppeline, die von vier am Rand der Bühne aufgebauten Flakscheinwerfern angestrahlt werden.

Wir sehen das Publikum in der Arena, wie unser Held es wahrnimmt, während die Musik von Laibach in den Ultra-Gabber des

Slowenen DJ Umek übergeht: Von links gleitet sein Blick nach rechts: Trommelkaskaden und Didgeridoos, an denen die Terror-Raver vom Hauptbahnhof stehen, säumen die aufwärts ansteigenden Sitzreihen, in denen das Premierenpublikum in Abendgarderobe verzückt und in spastischen Tänzen verrenkt dem Spektakel beiwohnt. Menschen in Pestschnabelkostümen bewegen sich auf Stelzen vorsichtig wiegend oberhalb der tanzenden Menge durch die Arena.

Hunderte Christen wiegen sich im Fackelschein. Unser Held geht wie in Trance an den Vorderrand der Bühne und blickt hinab in den Orchestergraben: Dort hat man aus umgedrehten Kühlerhauben ein Stahlmeer mit kantigen Wellen errichtet. Mittendrin das Pult von DJ Umek. In den Wellen stecken hochgereckte Arme, als ob Ertrinkende um ihr Leben kämpfen, vielleicht winken sie auch nur. Umek! Umek! Umek! ruft es aus dreitausend Kehlen.

Unser Held greift in seine Jacke und zieht die Stahlschachtel heraus, die ihm die alte Dame im Flugzeug überreicht hat. Er streicht mit dem Daumen zärtlich über die eingebrannten Buchstaben „Dönitz" auf dem Deckel, als könne er dadurch einen vergessenen Zauber beschwören. Er spricht es leise aus: Dönitz. Da faßt ihn, immer noch auf der Bühne stehend, von links Rolla sanft an den Ärmel. Unser Held sagt, er müsse hier weg, und zwar schnellstens. Rolla nickt, lächelt und deutet nach oben, zu den über ihnen vertäuten Zeppelinen.

Magisch-automatischer Flug im Zeppelin über das nächtliche,

ruhig daliegende Baden-Württemberg. Silberne Flüsse im Mondlicht. Still daliegende Wälder. Der Schatten des Zeppelins gleitet über die Ebenen und Felder Süddeutschlands.

Rolla und unser Held sitzen am Boden der Kanzel, trinken große Gläser Milch, die verschwappen, und sie wispern miteinander. Der Zeppelin gleitet sanft dahin. Sie küssen sich zärtlich. Eine Weile halten sie sich an den Händen. Er zieht die Dönitz-Stahlschachtel aus seiner Jacke, Rolla greift gierig danach: „Zeig doch mal her." Er schiebt den Daumen unter den Deckel, um das Kästlein zu öffnen, Rolla nimmt es ihm weg: „Man darf es nicht aufmachen."

Der Zeppelin gleitet am Vollmond entlang, das Mondlicht streift über die Schachtel und läßt die Buchstaben „Dönitz" hintereinander aufblitzen. Das Mondlicht erhellt auch das Gesicht von Rolla, die lächelt. Er sieht das Lächeln und nimmt ihr die Schachtel wieder weg. Beide setzen sich an gegenüberliegende Wände der Kanzel. Rolla sagt ihm nun zögerlich, man habe sie operiert. Sie sei in Wirklichkeit keine Frau mehr, sondern ein Mann, ein Transvestit. Sie zieht sich die Pagenkopfperücke vom Kopf. Der Zeppelin senkt sich zur Landung in Friedrichshafen, am lichterfunkelnden Bodensee.

Das Dach einer Fabrik schiebt sich hydraulisch zur Seite, das Luftschiff sinkt in das hellerleuchtete Innere der Fabrik, danach schiebt sich das Glasdach wieder zu. Alles ist weiß gekachelt, diffuses Milchlicht. Dr. Rebenmaul tritt forsch, mit wehendem Kittel, heran. „Sie sind etwas zu spät." Rolla und unser Held gehen mit ihm ins Innere der Fabrik, ein verzweigter Irrgarten an Klinikräumen und Operationssälen.

Dann eine braune Tür in all dem aseptisch-technokratischen Fabrikklinik-Weiß. Die Pforte öffnet sich langsam. Drinnen steht eine Menge älterer Herren um einen mit Landkarten übersäten Konferenztisch. Der Raum hat keine Fenster, alle Wände sind mit Bücherregalen bedeckt, ein schwerer Clubsessel, einige Globen, auf ihnen nur die Umrisse Deutschlands. Alles sieht aus wie in der Zentrale der Royal Geographical Society. Die bebrillten Herren, eben noch ins Gespräch vertieft, verstummen, ordnen behelfsmäßig die Karten und begrüßen Dr. Rebenmaul. Unser Held schaut um sich. Rolla ist weg.

Einer der Herren löscht das Licht, Rebenmaul bietet unserem Helden den Sessel an, vor der einen Bücherwand wird eine Leinwand herabgezogen, ein Projektor geht an, und es flimmern schwere Staubteilchen. Rebenmaul stellt sich hinter unseren Helden, legt seine Hand auf die Oberkante des Sessels und spricht: „Wir zeigen Ihnen nun die Wahrheit. Schauen Sie genau hin!"

Schwarzweiß-Einspielung des ruckligen Zonenfilms: Ein junges Paar schlendert glücklich Hand in Hand durch das Brandenburger Tor in Berlin. Es ist ein strahlender Tag, die Sonne scheint. Alles hat den Ton und den Stil der 30er Jahre. Die Frau mit einem dunklen Pagenkopf ist Rolla, der Mann an ihrer Seite Nigel. Schnitt. Das Schaufenster eines Antiquitätengeschäfts, in dem sich die Umrisse des jungen Paars spiegeln. Auf einem Tablett schimmert ein kleines Schächtelchen, Rolla zeigt darauf. Schnitt. Im Innern des Geschäfts, Nigel wiegt das Kästchen in der Hand, Rolla strahlt neben ihm, legt fragend die Hand auf die Brust. Der Verkäufer mit Lorgnon nickt zufrieden. Schnitt. Eine blinkende Warnlampe in einem Reaktortrakt. Wasser tritt aus Behältern. Männer in weißen Kitteln laufen panisch umher. Schnitt: Rolla öffnet das Kästchen. Schnitt. Ein greller, überstrahlter Blitz über der Silhouette Berlins. Schnitt: Nigel, Rolla und der Verkäufer ducken sich weg, wir sehen, wie Nigel das Kästchen an seinen Körper drückt. Schnitt. Krankenwagen und Feuerwehr rasen durch Berlin, Menschenmengen strömen die Straßen entlang, Staublawinen ergießen sich, ein alter Mann schreit stumm, eine Mutter liegt neben einem umgestürzten Kinderwagen. Nigel rast mit Rolla an der Hand durch die Straßen, hinter ihnen fährt ein Auto mit abgedunkelten Scheiben, eine Tür öffnet sich, ein Arm faßt nach Rolla, zieht sie in den fahrenden Wagen, Nigel fällt hin, der Wagen beschleunigt. Schnitt: Das Kästchen rutscht über die Straße. Schnitt. Nigel liegt alleine auf der Straße, sein Gesicht altert im Zeitraffer. Schnitt. Dr. Rebenmaul läuft im Schutzanzug mit einem Suchtrupp durch leere Straßen. Schnitt: Rebenmaul zeigt auf das Kästchen auf der Straße, holt die anderen heran. Schnitt. Sie versuchen das Kästchen zu öffnen, es gelingt nicht. Der Film wird brüchig und gelblich, rattert aus dem Projektor. Licht an.

Dr. Rebenmaul und die Ärzte umkreisen drohend den Helden. Er solle jetzt das Kästchen hergeben und aufmachen. Er sagt, ohne Rolla kein Kästchen.

Rolla liegt auf einem Seziertisch, um ihren Körper eine Blutrinne. Sie ist bei Bewußtsein, aber festgeschnallt. Sie zittert. Um den Seziertisch mehrere Ärzte, die diverse Skalpelle waschen. Rebenmaul, unser Held und das Ärztekomitee kommen herein, Rebenmaul ruft: Halt! Er sagt dem Helden, Rolla könne entweder zurückoperiert werden, dann sei sie wieder Frau, würde aber dadurch in Minutenschnelle zur Greisin, oder man könne sie so lassen, als Mann, als junger Transvestit. Der Held solle sich entscheiden. Er sagt, Transvestit sei schon in Ordnung. Rolla wird losgebunden, sie umarmt den Helden. Rebenmaul: Und nun das Kästchen öffnen, bitte.

Unser Held greift sich blitzschnell ein Skalpell und hält es von hinten Dr. Rebenmaul an den Kehlkopf. Dann steckt er das Kästchen ein. Keiner kommt ihnen nach, als sie rückwärts aus dem Operationssaal fliehen. Rebenmaul hat völlig die Contenance verloren.

Auf dem Hof der Fabrik steht der dunkle Wagen aus dem Zonenfilm. Unser Held zwingt Dr. Rebenmaul auf den Beifahrersitz, er selbst setzt sich hinter ihn, das Skalpell immer noch an der Kehle, die an einigen Stellen schon blutet. Rolla fährt, sie hat ihre Perücke wieder aufgesetzt.

Fahrtsequenz mit schlecht montierter Hintergrundprojektion der Landschaft. Unterwegs öffnet Rolla die Beifahrertür und sagt: Raus! Rebenmaul läßt sich wie ein schwer, aber nicht tödlich verwundeter Salamander aus dem Auto fallen, er rollt die Böschung hinab.

Nebel kommt auf, Müllberge am Wegrand, Flüchtlingszelte, es ist wie im Traum, sie fahren langsamer, schließlich endet die Straße. Sie steigen aus, Leuchtraketen werden in kurzen Abständen hochgeschossen, tauchen alles in ein orangefarbenes Licht. Rolla und unser Held laufen durch den Wald. Unser Held sagt, die einzige Rettung sei, wenn sie sich hinüber in die Zone flüchten würden, also über die Grenze. Rolla sagt, weißt du denn nicht, daß wir schon immer in der Zone sind? Was? Ja, dies ist die Zone. Und was ist dann da drüben, jenseits der Grenze? Das weiß niemand, sagt Rolla. Dann laß uns dahin, sagt der Held.

Rolla fängt an zu weinen und sagt, sie könne da nicht hin, niemand sei da jemals hinübergegangen, sie würde sofort anfangen zu altern. Unser Held sagt, er müsse hinüber, er käme aber bestimmt zurück. Sie küssen sich ein letztes Mal.

Unser Held überschreitet die Grenze, die nur ein kleiner Waldpfad ist. Nebel wabert schwer um seine Füße, aus dem Dikkicht beobachtet ihn ein scheues Reh.

Plötzlich eine Biegung, ein verwitterter Grenzstein zeigt das Schweizer Kreuz, dahinter ein schäbiger Betonbunker. Hinter Panzerglasschlitzen die fassungslosen Gesichter der Schweizer Grenzbeamten. Eine blecherne Lautsprecherstimme weist den Helden an, sich in die Schleuse zu begeben. Uralte Maschinen werden angeworfen; Geigerzähler und Röntgenapparate aus der Nachkriegszeit, auf denen fingerdick der Staub liegt. Ein Beamter zeigt auf das Dönitz-Kästchen, das sich auf dem ratternden und knisternden Uraltbildschirm abzeichnet. Aus dem Lautsprecher:

Was ist das in Ihrer Tasche? Ein Erbstück, sagt der Held. Was ist denn da drin? fragt die Stimme. Nichts, sagt der Held.

Er tritt aus der Schleuse in hellen Sonnenschein. Er hat nun wieder das Gesicht, das er vor dem Busunfall auf Sylt hatte. Ein Grenzbeamter klopft ihm sachte auf die Schulter. Geht's Ihnen gut? Der Held lächelt und nickt.

In einem blitzsauberen Zürich – überall Schweizer Fahnen an der Bahnhofstraße – betritt unser Held eine Bank, wird in den Tresorraum geführt und verschließt das Kästchen in einem Bankfach. Er steckt den Schlüssel ein, verläßt das Bankgebäude, atmet einmal tief durch und geht lächelnd die Bahnhofstraße zum See hinunter.

Lachende und winkende, glückliche hasidische Familien fahren auf dem Zürichsee mit zehn roten Elektrobooten, die nur 5 km/h schnell sind, ein friedliches, synchrones, fast ballettartiges Wettrennen.

The End

Faserland

Die Personen

Der Held 1
Ein Busfahrer
Der Held 2
Karin
Ein verstrahlter Greis
Dr. Frank Rebenmaul, ein Arzt
Mehrere Asoziale
Nigel
Rolla
Eine alte Dame
Ihr Enkel
Udo Kier
Hilde Dirlewanger, Pensionsbesitzerin
Eugen, ein Verbindungsstudent
DJ Umek
Mehrere Ärzte
Schweizer Grenzbeamte

FASERLAND

Ein Science-Fiction-Film / Drehbuch, die ersten achtundzwanzig Seiten / 2003

Außen / Tag *Meer*

Ein offener Kübelwagen fährt eine Sylter Landstraße entlang. Der Himmel ist mit Gewitterwolken überzogen. Im Fond sitzt Hermann Göring, den Kopf in die Hand gestützt, er ist hoch konzentriert, denkt nach.

Musik: „Damaged Goods" von Gang of Four.

Auf schwarzer Leinwand in weißer Schrift: Am 1. August des vergangenen Jahres kam es im Atomkraftwerk Rheinsberg in der Nähe von Berlin zu einem schweren Reaktorunglück. Fast das gesamte Gebiet der ehemaligen DDR ist auf 40.000 Jahre radioaktiv verseucht und unbetretbar.

Außen / Tag *Meer*

Überblauer Sommerhimmel, wenige Schönwetterwolken am Horizont. Die Kamera fliegt rasend schnell über das Meer, auf eine entfernte Küste zu.

Titel: FASERLAND.

Die Küste nähert sich. Flug über die Dünen, Strandhafer, Holzbohlen, Heidekraut, ein nackter junger Mann läuft die Bohlen entlang, die Kamera folgt ihm von hinten, dann eine Straße, das Schild: Kampen/Sylt. Kreis Nordfriesland/Zollgrenzbezirk.

Die leere Landstraße Kampen nach List. Eine Bushaltestelle. Mittagshitze. Dünen flimmern in der heißen Luft.

Außen / Tag *Bushaltestelle*

Eine Mücke sticht zu. Eine Hand kratzt irritiert über die rote Wölbung. Mit dem Fingernagel wird ein kleines Kreuz in den Mückenstich geritzt.

Alfie, ein junger Mann mit blondem Seitenscheitel, steht nackt an der Straße und sieht sich um. Neben der Haltestelle steht ein Container mit Altkleidern. Er greift in den Füllschlund, zieht nacheinander eine stark befleckte dunkelblaue Latzhose, ein zerknäultes weißes Hemd und alte braune Schnürschuhe heraus und zieht sich die Sachen an.

Er sieht sich langsam nach links und rechts um. Mitten auf der leeren Straße funkelt etwas in der Sonne. Alfie hält die Hand vor die Sonne und öffnet die Finger, so daß das Sonnenlicht hindurchscheint.

ALFIE: Das Licht ist heute so anders.

Er kratzt sich am Nacken. Wieder schaut er auf das glänzende Etwas. Neugierig tritt er auf die Straße, um das Ding aufzuheben.

ALFIE *(leise)*: Das ist es jetzt.

Innen / Tag *Linienbus*

Ein Linienbus der Firma „Ruy Prahl" fährt die Dünenstraße Richtung List. Der Busfahrer versucht, mit der Hand nach einem Borkenkäfer zu schlagen, der auf der Innenseite der Windschutzscheibe krabbelt.

BUSFAHRER *(laut)*: Meine Fresse! Halt endlich still!

FAHRGAST: Geben Sie mir jetzt vielleicht mal meine Quittung!

Ein dreijähriges Kind hält dem Busfahrer von hinten die Augen zu.

BUSFAHRER: Finger weg! Oh Gott.

Der Bus gerät ins Schlingern und nähert sich unkontrolliert der Haltestelle. Alfie bückt sich, um den funkelnden Gegenstand aufzuheben. Er sieht hoch. Der Bus streift sein Gesicht, an der Busaußenwand zieht sich eine schmierige Blutspur entlang.

FAHRGAST: Meine Quittung!

BUSFAHRER: Mein Bus!

Der Bus kommt von der Straße ab, kippt und bleibt auf der Seite im Deichgraben liegen. Die Räder rollen aus. Eine müde Detonation. Flammen züngeln aus dem Radkasten.

BUSFAHRER *(wimmert)*

Alfie liegt mit dem Gesicht nach unten in einer Blutlache auf der Straße. In der Blutlache blinkt ein kleines Kästchen aus poliertem Stahl, auf dem Deckel ist das Wort „Dönitz“ eingraviert.

Außen / Tag *Krankenhaus*

Die Nordseeklinik Westerland auf Sylt, ein Krankenhaus in den Dünen.

Innen / Tag *Krankenzimmer*

Alfie schlägt die Augen auf. Er liegt im Bett. In seinen Armen Kanülen. Er befühlt sein Gesicht.

ALFIE *(ein anderer Schauspieler)*: Komisch.

Alfie zieht sich die Kanülen aus dem Arm, steht auf und geht zum Spiegel. Er schaut entsetzt in sein Gesicht, faßt seine Wangenhaut an. Er untersucht seine Hände, sieht dann wieder in den Spiegel.

Dr. Frank Rebenmaul steht mit einem Team von Unterärzten im Flur. Die Unterärzte tragen gelbe Schutzoveralls, darunter Krawatten. Dr. Rebenmaul, im blutbespritzten OP-Kittel, lehnt an der Wand.

REBENMAUL: Sie haben es schon gehört. Er ist da.

UNTERARZT: Es war knapp.

REBENMAUL: Die Grenze war nur wenige Sekunden offen. Keiner hat etwas bemerkt.

UNTERARZT 2: Hat er das Kästchen geöffnet?

REBENMAUL: Leider nein. Er hat es nur gesehen. Ich habe ihn operiert. Jetzt liegt er nebenan. Achten Sie darauf: Er wird niemanden erkennen, nicht mal sich selbst. Aber alle erkennen ihn wieder.

UNTERARZT 2: Fräulein Erdmann! Präparieren Sie bitte jetzt das Mädchen.

FRÄULEIN ERDMANN: Schon passiert. Tank auch leer. Eine Unterschrift noch bitte, Herr Dr. Rebenmaul. Hier, hier und hier.

REBENMAUL: Gut. Ist der Busfahrer bereits krematiert?

Am anderen Ende des Flurs geht eine Tür auf, das Kind aus dem Bus rennt mit weit ausgebreiteten Armen auf Rebenmaul zu. Er hebt das Kind hoch und dreht sich einmal mit ihm.

DREIJÄHRIGES KIND *(strahlend)*: Bus ganz putt, Feuer, bumm macht.

REBENMAUL: Ach, Kindchen.

Innen / Tag *Krankenzimmer*

Alfie sieht in einem Winkel des Spiegels ein junges Mädchen. Sie sitzt auf einem Stuhl in der Ecke.

ALFIE: Oh, Entschuldigung, ich hab Sie gar nicht gesehen.

KARIN: Daß du mich übersiehst, ist ja nichts Neues. Und jetzt siezt du mich auch noch. Weißt du was, du bist so ein Psychopath.

ALFIE: Wir kennen uns, ja?

Karin steht auf, greift sich ihre Handtasche.

KARIN: Mir reichts. Hallo, ich bins, Karin. Jetzt langt es wirklich, Krankenbesuch vorbei, ich gehe. Tschüs.

ALFIE: Jetzt wart doch mal, halt. Ich brauch dich. Du mußt mir helfen. Moment mal. Was ist hier eigentlich los?

KARIN *(an der Tür)*: Ich hab hier zehn Stunden an deiner Seite gesessen, ja? Du hattest einen Unfall. Jetzt erzähl mir nicht, du hättest dein Gedächtnis verloren. Klischee, Klischee.

Innen / Tag *Beobachtungszimmer*

Hinter dem Spiegel sitzt Rebenmaul mit einem Unterarzt und beobachtet die Szene.

REBENMAUL: Ganz hervorragende Leistung, das Mädchen. Wie haben Sie dosiert?

UNTERARZT *(stolz)*: Eine Novität. Sieben komma Drei Vier. Kaltenbrunner.

Innen / Tag *Krankenzimmer*

ALFIE: Glaub mir doch bitte. Ich erkenne dich wirklich nicht. Was denn für ein Unfall?

KARIN: Alfie, du hast dich vor den Bus geworfen, ja? Genau wie damals in Hamburg, aus dem zweiten Stock.

ALFIE: Ich weiß nicht, wer ich bin.

KARIN: Das weiß ich ehrlich gesagt auch nicht mehr so genau. Und es interessiert mich auch nicht mehr.

ALFIE: Aber ...

KARIN: Das sagt Nigel auch schon lange, weißt du?

ALFIE: Nein. Weiß ich nicht.

KARIN: Pfff. Dein sogenannter bester Freund Nigel – was der über dich sagt …

Karin kramt in ihrer Handtasche.

KARIN: Hier, deinen Autoschlüssel, den Wagen brauch ich auch nicht mehr. Ich fahr jetzt zurück nach Hamburg. Weißt du was: Es ist aus.

Die Zimmertür schlägt zu. Alfie sieht wieder in den Spiegel.

Innen / Tag *Beobachtungszimmer*

Der Unterarzt drückt auf einen Knopf, und die Scheibe wird undurchsichtig. Rebenmaul bietet ihm aus einer Dose Emser Salzbonbons an. Sie stehen auf.

REBENMAUL: Emser schmecken einfach besser als diese Jodpastillen.

UNTERARZT: Danke.

REBENMAUL: Nun machen Sie schon.

Die zwei Unterärzte und Fräulein Erdmann kommen geschäftig und aufgeräumt zur Visite bei Alfie.

UNTERARZT: Na, junger Mann, ausgeschlafen? Sie haben ja einiges hinter sich.

FRÄULEIN ERDMANN: Ts, ts, die Kanülen haben wir uns abgenommen ... das geht doch nicht.

UNTERARZT 2: Und Ihr Besuch ist gegangen? Die junge Dame saß die ganze Zeit an Ihrem Bett, Sie Glücklicher.

ALFIE: Ähh ... ich ...

UNTERARZT: ... Das kommt schon wieder. Sie haben eine partielle rechtslappige Physiognomal-Amnesie. Das hängt mit dem Koma zusammen.

FRÄULEIN ERDMANN: Bitte einmal auf die Seite drehen und die Pyjamahose ... So. Wir messen jetzt rektal.

ALFIE: Was ist denn bloß ...

UNTERARZT *(väterlich)*: ... Jetzt seien Sie erst mal still. Wir wollen doch schließlich wieder gesund werden, oder?

Außen / Tag *Tankstelle*

Rebenmaul läßt seine schwarze Limousine betanken. Der Tankwart hält den Schlauch zum Gruß an seine Kappe. Rebenmaul zwinkert ihm zu und fährt weg. Der Tankwart eilt hinter die Waschanlage und zerrt von dort mehrere Asoziale hervor.

Innen / Tag *Krankenhausflur*

Alfie schleicht vorsichtig die Gänge entlang. Hinter einer Ecke erscheint eine Gruppe Ärzte. Er öffnet schnell die nächstgelegene Tür. Er steht im Vorraum einer Schleuse, darüber ein Schild

B-ZONE (RANDGEBIET)
SCHWACHE STRAHLENGEFAHR
11 Minuten MAX.

Er öffnet die Schleuse. Kaltes neongrünes Licht, Maschinen zischen. Das leise, immerwährende Geräusch eines Geigerzählers. Alfie geht zwischen Betten umher, in denen Menschen mit früh gealterten Greisengesichtern an viel zu jungen Körpern schlafen. Plötzlich greift ihn ein schauriger Greis am Arm.

GREIS: Ich hab solchen Durst. Bitte.

Alfie holt ein Glas Wasser vom Waschbecken. Gierig leert der Greis das Glas in einem Zug.

GREIS: Komm näher, Kind. Ich muß dir etwas sagen.

Alfie läßt sich vom Greis ganz nah heranziehen.

GREIS *(flüstert)*: Tat twam asi. Tat twam asi.

ALFIE: Was soll denn das heißen?

Der Greis zieht unter dem Kopfkissen das Foto einer jungen Frau mit dunklem Pagenkopf und schwarzer Hornbrille hervor.

GREIS: Meine Frau. Geh in die Zone und hol sie da raus. Versprich es mir.

ALFIE: Waren Sie auch bei dem Unfall dabei?

GREIS: Hier, nimm das Foto, dann kannst du sie erkennen. Ich brauch es nun bald nicht mehr.

Eine Träne kullert aus seinem Auge. Er sabbert. Alfie wischt ihm das Gesicht mit dem Bettlaken ab und steckt das Foto ein.

ALFIE: Nun weinen Sie nicht, ich mach das schon. Versprochen.

GREIS: Du bist ein guter Junge.

ALFIE: Wie komme ich denn in die Zone?

GREIS: Du mußt zu den Christen gehen. Du mußt nach Hamburg. Nur die Christen können dich in die Zone führen.

Innen / Tag *Krankenhausflur*

Alfie läuft den Gang hinunter und zieht sich einen Pullover über den Pyjama.

Außen / Tag *Parkplatz*

Er schließt den Sportwagen auf und fährt los. Aus dem Autofenster fliegt eine Kanüle.

Innen / Tag *Sportwagen*

Die Tankanzeige geht auf Null.

Außen / Dämmerung *Tankstelle*

Am Stadtrandgebiet Westerland. Der Sportwagen rollt vor der Zapfsäule aus. Mehrere Asoziale schnüffeln am Rande der Tankstelle aus Plastiktüten. Einer geht zum Auto und tritt mit Springerstiefeln ans Heck.

ASOZIALER: Viel zu klein, das Auto. Paßt nix rein.

ALFIE: Moment mal, ich will doch nur tanken.

ASOZIALER: Tanken? Du Sau.

Der Tankwart kommt mit einem erhobenen Schraubenschlüssel aus seinem Häuschen gelaufen.

TANKWART *(böse)*: Kein Benzin für Zonenmenschen, weg da, hier.

Die anderen Asozialen nähern sich bedrohlich dem Auto. Einer setzt sich zu Alfie auf den Beifahrersitz.

ASOZIALER 2: Gemütlich ist was anderes.

Alfie steigt sofort aus und läuft davon. Die Asozialen reißen das Cabrioverdeck des Sportwagens mit einem Messer auf und setzen sich hinein. Sie beschmieren die Sitze mit Kartoffelsalat aus den Plastiktüten und nölen zufrieden. Einer leckt das Lenkrad ab.

Außen / Dämmerung *Straße*

Alfie joggt eine leere Straße hinunter. Der Himmel glüht tieforange. Ein Pferd kreuzt im Galopp von rechts.

Außen / Dämmerung *Bahnsteig*

Alfie rennt zum Zug. Auf dem Zugschild steht „IC Sebottendorf". Der Schaffner steht in der Tür und sieht auf seine Armbanduhr. Eine Trillerpfeife gellt.

SCHAFFNER *(scharrend)*: Nach Hamburch, jetzt aber schnell!

Innen / Nacht *Zugkorridore*

Der Zug fährt los. Alfie schiebt und quält sich durch den mit betrunkenen Bundeswehrsoldaten gefüllten Zug, Waggon um Waggon.

ALFIE: Entschuldigung.

Ein Soldat in einem schwarzen Kevlar-Anzug öffnet von innen die Zugtür. Draußen rauscht der Hindenburg-Damm vorbei. Zwei Soldaten packen einen ihrer Kameraden an Armen und Beinen. Sie schwingen ihn hin und her.

SOLDAT: Fritzsche fliegt jetzt raus.

SOLDATEN: Heeeey, hopp!

Die Soldaten werfen den Kameraden in hohem Bogen aus dem Zug. Ein Geräusch von brechenden Knochen, dann wieder das Rauschen des Zuges und des Windes.

SOLDAT: Der hat die Scheiße hinter sich.

Alfie flieht ins Bordrestaurant.

Innen / Nacht *Bordrestaurant*

An einem Tisch mit roter Tischdecke sitzt Dr. Rebenmaul vor einem Pilsglas. Nur dort ist noch ein Platz frei.

REBENMAUL: Kommen Sie, junger Mann, setzen Sie sich hier hin.

ALFIE: Da hinten, die haben jemanden aus dem Zug geworfen, der ist doch jetzt tot.

REBENMAUL: Ja, ja, die Bundeswehr. Jahrelang nur saufen, und dann sehen Sie, was dabei rauskommt. Pure Zivilisationsfeindlichkeit. Barbarei. Was trinken Sie?

Alfie läßt sich vom Kellner ein Glas Milch bringen.

ALFIE: Ich hab so was noch nicht erlebt. So was gab es doch vor kurzem noch gar nicht.

REBENMAUL: Seitdem wir die Zone haben, ist alles kopeister.

ALFIE: Ich muß, glaube ich, dahin, in die Zone.

REBENMAUL: Da kann keiner hinein. Das ist völlig unmöglich, Alf ... wissen Sie. Da ist alles verstrahlt. Und zwar auf Jahrtausende.

ALFIE: Wo?

REBENMAUL *(lacht)*: Wo? Ja, wo haben Sie denn das ganze letzte Jahr gesteckt? Berlin, ja, die ganze alte DDR ist seit dem Unfall verseucht.

Alfie versucht, einen Schluck Milch zu trinken. Immer wenn er das Glas ansetzen will, verschwappt alles auf den Tisch.

ALFIE: Sie meinen, da lebt niemand mehr? Was ist denn mit den ganzen Menschen?

REBENMAUL: Nach und nach kommen sie aus der Zone. Sie werden in Kliniken gelegt. Eigentlich kann man nichts mehr für sie tun. Sie altern alle innerhalb von ein paar Wochen zu Greisen.

ALFIE: Wenn ich also morgen dorthin aufbrechen müßte, würde das Gleiche mit mir passieren.

REBENMAUL *(ereifert sich)*: Sie kämen gar nicht rein, der Rest erübrigt sich. Wir hatten neulich einen Fall, da hat es wieder einer versucht auf eigene Faust. Was soll ich sagen? Als sie ihn gefunden haben, zerbröselte seine Haut bei der kleinsten Berührung. Wie altägyptisches Pergament.

Rebenmaul zeigt auf die vorbeirasende Landschaft vor dem Fenster und malt mit dem Zeigefinger zwei ineinander verschlungene Kreise an die beschlagene Scheibe.

REBENMAUL: Sehen Sie, das ist die Zone, und das sind wir. Die Schnittmenge ist so gering, daß sie im Vergleich zu den beiden anderen Mengen nichts bedeutet.

Er trinkt einen Schluck Bier und wischt sich mit dem Handrükken den Mund ab.

REBENMAUL: Wer das Risiko auf sich nehmen will, verschwindet vielleicht auf immer in diesem Nichts.

ALFIE: Woher wissen Sie das alles so genau?

REBENMAUL: Rein privates Interesse. Weshalb wollen Sie eigentlich in die Zone, wenn ich fragen darf?

Der Zug bremst. Der Schaffner geht durch die Waggons. Er wird gefolgt von zwei jovialen, dicklichen Pastoren in schwarzen Soutanen mit umgehängter Maschinenpistole.

SCHAFFNER: Evangelischer Stadtstaat Hamburg! Ihre Konfessionspapiere bereithalten bitte!

ALFIE *(zu Rebenmaul)*: Was wollen die – so was hab ich gar nicht!

REBENMAUL: Ich mach das schon. Machen Sie sich keine Sorgen. Das ist nur eine Formalität.

PASTOR: So, junger Mann, bleiben Sie stark, trinken Sie Bier, ora et labora, sage ich mal. Ihre Konfession, rasch?

ALFIE: Ähh …

Rebenmaul deutet schnell auf Alfie und sich.

REBENMAUL: Er Methodist. Ich Kirche Jesu Christi der letzten Tage. Nun lassen Sie's gut sein, Herr Pastor.

Die Pastoren gehen weiter, Maschinenpistole geschultert, zum nächsten Tisch. Rebenmaul und Alfie unterdrücken ihr Lachen. In der Tür des Speisewagens drehen sich die Pastoren noch einmal um.

PASTOR 2: Vergessen Sie bitte alle nicht, morgen zahlreich zur Synode zu erscheinen, Planten und Blomen, bei Sonnenaufgang.

REBENMAUL: Wir werden dort sein, Herr Pastor.

PASTOR: Willkommen in Hamburg! Gott mit Ihnen!

Der Zug ruckelt wieder an.

ALFIE: Die beiden! Wie Friar Tuck!

REBENMAUL *(lacht)*: Seit dem Unfall ist das so. Die Menschen haben zurückgefunden zur Kirche. Und die Kirche benimmt sich gleich wie der Staat.

ALFIE: Oh, wir sind gleich da. Ich muß die Milch noch zahlen. Ich nehm ein Taxi. Fahren denn die Christen manchmal in die Zone, auf Mission, oder so was?

REBENMAUL: Ja, dann, gute Reise. Viel Glück. Vielleicht sehen wir uns ja eines Tages wieder.

Der Zug rollt sehr langsam in den Bahnhof Altona ein.

Außen / Nacht *Bahnsteig*

Die beiden steigen aus, einige Soldaten stolpern aus dem Zug, Alfie läuft zum Taxistand, sieht sich verstohlen um, Rebenmaul zwinkert ihm zum Abschied zu.

Innen / Nacht *Taxi*

Der Fahrer, ein kahlgeschorener Anzugträger, lenkt den Wagen ganz langsam durch Hamburg. Er sieht mehrmals in den Rückspiegel. In der Kopfstütze des Fahrers läuft auf einem LCD-Bildschirm die Standard-Taxiansage.

CHINESISCHE ANSAGERIN *(einsäuselnd)*: Sie sind mit Taxi Nummer 4162 unterwegs. Ihr Fahrer ist heute seit drei Stunden und dreiundzwanzig Minuten im Dienst. Er hat während dieser Zeit zwei Kaffee getrunken, acht Zigaretten geraucht und zwei Jodpastillen eingenommen. Seine Lebenserwartung ...

TAXIFAHRER: Sind Sie Christ?

ALFIE: Gott, na ja. Das ist doch eine persönliche Größe, jeder mit sich selbst, schon evangelisch ...

TAXIFAHRER: Gut, weil Sie sind hier mit einem Nihilisten unterwegs. Alles ist Scheiße. Gucken Sie mal diesen Christenmüll.

Der Wagen fährt unter christlichen Bannern hindurch, neben der Straße riesige Plakate, die das Evangelium verkünden und preisen.

Vor den Kirchen stehen bewaffnete Soldaten in schwarzen Kevlar-Anzügen.

TAXIFAHRER: Alles Lüge. Ich zum Beispiel werde gerade aus meiner Wohnung rausgeklagt – nun raten Sie mal, von wem? 60 Quadratmeter, Balkon, Barmbek, richtig schön, und wer braucht plötzlich das Haus – der Herrgott persönlich.

ALFIE: Haben Sie vielleicht eine Zigarette für mich?

TAXIFAHRER: Hier. Wo wollen Sie noch mal hin?

Außen / Nacht *Wohnhaus*

Das Taxi fährt weg. Alfie steht etwas verloren vor einem englisch wirkenden Haus in Hamburg-Pöseldorf. Ein kleiner Rosengarten, ein Klingelschild, Kopfsteinpflaster. Aus einem geöffneten Fenster im ersten Stock dringt heiteres Singen.

Innen / Nacht *Nigels Wohnung*

In Nigels eklektisch eingerichteter Altbauwohnung lümmeln circa zehn Christen auf den Sofas und auf dem Fußboden herum. Alle sind barfuß. Die jungen Männer sind bärtig, die Mädchen tragen lila Schlabbergewänder. Einige singen und tanzen im Kreis, andere lesen sich aus der Bibel vor. Unter ihnen ist Nigel, ein Lokkenkopf. Alfie erscheint in der Wohnungstür.

NIGEL: Alfie! Mensch, toll, daß du da bist.

ALFIE: Hallo. Du bist also Nigel.

CHRIST: Komm in unsere Mitte, sing doch mit: „Hey, sagt es allen weiter ...“ Morgen ist der Tag. Da muß das Lied sitzen.

NIGEL: Leg ab. Da drüben sind Punsch und belegte Brote. Schön, dich zu sehen.

Alfie zieht seinen Pullover aus. Ein Mädchen nimmt ihm ihn ab, faltet ihn liebevoll zusammen und legt den Pullover sanft auf einen kleinen Schemel.

ALFIE: Der Taxifahrer eben, es war so eine Art Existenzialist, der war ganz dagegen.

NIGEL: Es gibt noch so viele schwarze Schafe.

ALFIE: Der steht bald auf der Straße.

NIGEL *(lacht)*: Dann kann er ja immer noch in seinem Taxi schlafen. Siehst du, der Herr sorgt für alle.

Aus dem Flur kommt Karin ins Zimmer.

KARIN: Nein. Das ist jetzt nicht wahr.

Karin verdreht die Augen und geht wieder raus.

ALFIE: Halt, wart doch mal!

Eine Christin nimmt ihn fürsorglich am Arm.

CHRISTIN: Du kannst nichts erzwingen. Es kommt schon ganz von selbst. Hier, magst du nicht was von dem tollen Punsch? Meine Mutter hat ihn für uns alle gemacht.

ALFIE: Das ist was Persönliches, das verstehst du nicht.

NIGEL: Wir sind alle Freunde hier. Es gibt keine Geheimnisse zwischen uns.

Alfie stellt das Glas Punsch ab, ohne zu trinken.

ALFIE: Ihr spinnt doch alle.

Alfie geht in den Flur, schaut ins Schlafzimmer. Dort streicheln sich zwei Christen ganz innig. Dabei riechen sie intensiv an getragenen Socken.

ALFIE: Oh, Entschuldigung.

Er öffnet die Küchentür, dort walkt ein Christenpärchen summend mit den Händen in einem Brotteig.

CHRISTIN 2: Komm, wie gut. Hilf uns beim Backen. Morgen ist der Tag.

Alfie wirft entnervt die Küchentür zu. Eine Toilettenspülung geht, er klopft an die Tür zum Bad.

ALFIE: Karin? Bist du das?

ROLLA *(durch die Tür)*: Es ist offen!

Alfie macht die Tür auf und sieht, wie sich Rolla schminkt. Sie trägt einen schwarzen Pagenkopf, eine schwarze Hornbrille und ein Cocktailkleid.

ALFIE: Ich dachte, du wärst jemand anders ...

ROLLA: Bin gleich fertig.

Rolla macht die Tür wieder zu. Hinter der Tür, auf dem Badewannenrand, sitzt Rebenmaul und begutachtet einen Lippenstift in seiner Hand.

Nigel kommt in den Flur und bietet Alfie einen Zug aus seinem Joint an.

NIGEL: Ach komm, jetzt vergiß Karin.

ALFIE: Nee, danke. Ich wußte gar nicht, daß ihr Drogen nehmen dürft.

NIGEL *(lacht)*: Auch Cannabis wächst auf Gottes großem Acker. Ich krieg das Zeug direkt von der Zonengrenze, da wächst das wie wild, drei, vier Meter hoch.

ALFIE: Echt?

NIGEL: Klar, da wächst alles viel schneller. In der Zone selbst gibt es riesige Psycho-Pilze, aber da kommt keiner ran. Es heißt, die Tiere haben sich weiterentwickelt, sie sind superintelligent, aber alle sterben nach ein paar Monaten.

ALFIE: Kommt da wirklich keiner rein?

Innen / Nacht *Badezimmer*

Rebenmaul schminkt sich mit Rollas Lippenstift den Mund rot. Er malt unsauber und zieht eine Grimasse.

REBENMAUL: Das sieht ja furchtbar aus. So ... fake.

Er wischt sich den Mund mit einem Handtuch ab.

ROLLA *(weint fast)*: Ich schaff das nicht.

REBENMAUL: Ich glaube fast, du hast keine andere Wahl.

Innen / Nacht *Flur*

NIGEL: Man kann da schon hin.

ALFIE: Diese Tiere würde ich gern mal sehen.

NIGEL: O.K. Über die normale Grenze kommt man nicht rein. Es gibt aber ein paar versteckte Eingänge – einer davon, behalt das besser für dich, ist in Heidelberg.

Rolla kommt aus dem Bad. Sie ist eine sehr schöne junge Frau.

ROLLA: Nigel, das Zeug riecht richtig scheußlich.

ALFIE: Im Schlafzimmer riechen Leute an ihren Socken.

ROLLA: Du bist ja niedlich! Das stimmt doch nicht!

NIGEL: Doch. Das ist jetzt das neue Ding.

ROLLA: Nigel, irgendwo hört's auf mit der Ironie.

Rolla hakt sich bei Alfie ein und führt ihn auf den Balkon der Wohnung.

Außen / Nacht *Balkon*

Rolla und Alfie schauen in den Nachthimmel. Eine Melodie erklingt. Es ist „If I didn't care" von den Ink Spots. Rolla beginnt, die hohe Stimme zu singen. Nigel kommt hinzu und singt den tiefen Part.

Die Kamera löst sich von den dreien und schwebt in den Vorgarten hinab, dicht an grellbunten Rosen entlang, durch Gebüsche, auf die Straße, wo ein Zug Lampion tragender Kinder marschiert, dann dreht sich die Kamera wieder zum Balkon hinauf, oben singen Rolla und Nigel weiter; während sich alle drei in einem synchronisierten Wippgroove bewegen, endet das Lied.

Außen / Tag *Vorgarten*

Alfie erwacht, im Vorgarten liegend. Er geht zur Haustür, klingelt, niemand antwortet, die Tür bleibt verschlossen.

ALFIE: Hallo! Hallo! Rolla!

Er setzt sich auf die Stufen des Hauses. Ein Taxi hält.

TAXIFAHRER: Hatten Sie einen Wagen zum Flughafen bestellt?

ALFIE: Äh, ja, ja, das ist meins.

Oben am Fenster, hinter einem nachschwingenden Vorhang, beobachtet Rolla telefonierend seine Abfahrt.

Innen / Tag *Flughafen*

Alfie steht am Schalter der Lufthansa. Seine Haare sind zerzaust, die Latzhose ist naß und fleckig. An den Schuhen kleben Grasbatzen.

ALFIE: Ich möchte nach Heidelberg.

EINCHECKFRAU: Direkt geht das nicht, da müssen Sie entweder nach Frankfurt oder Stuttgart. Ich empfehle Ihnen Frankfurt, da geht es gleich weiter ... einmal die Augen bitte an den Scanner halten. So, ja. Das Kinn nicht bewegen ...

Alfie legt seinen Kopf in die Kupfermulde des viktorianisch anmutenden Retinal-Scanners. Es klickt, ein grünes Lämpchen leuchtet auf.

EINCHECKFRAU: Oh, ich sehe gerade, wir haben leider nur noch in der „Dark Admiral Class“ etwas frei. Bißchen teurer, dafür sehr ruhig, gediegen.

ALFIE: Okay.

EINCHECKFRAU: Sehr schön. Dann noch mal scannen, bitte. Zum Abbuchen.

Alfie sieht erneut hinein. Es klickt zweimal.

EINCHECKFRAU: Ich fand das alte Design auch besser. Irgendwie menschenfreundlicher. Na ja, Fensterplatz 2A. Fliegen Sie mit Gott.

Die Eincheckfrau weist Alfie den Weg direkt hinter dem Counter zu einer schwarzen Tür, auf der das Wort „Dark Admiral Lounge“ kurz in grünlich-weißen Neonbuchstaben aufleuchtet, als er auf sie zugeht. Die Pforte geht automatisch zur Seite auf.

In der Lounge, die im Bauhaus-Stil eingerichtet und mit schwarzem Samt ausgeschlagen ist, sitzen nur sehr alte, fast greisenhafte Menschen.

Ein Mitsubishi Lancer kommt mit hoher Geschwindigkeit angefahren und bremst dramatisch. Ein dicklicher junger Mann mit blondem Seitenscheitel und schütterem Haar kommt aus der Fahrertür gestürzt, auf der anderen Seite steigt Rolla aus und schreit ihn genervt an.

ROLLA: Jetzt mach hin, wir sind schon viel zu spät.

ENKEL: Ich weiß, Hauptsache, sie sind noch nicht weg.

Die beiden rennen in die Halle, der Enkel rutscht mit seinen glatten Sohlen bis knapp vor den Schalter.

ENKEL *(außer Atem)*: Nach Frankfurt, eine alte Frau, dicke Brille, leichtes Gepäck, D.A.C., sie ist meine Großmutter, erwartet mich, bin schon telefonisch eingecheckt.

EINCHECKFRAU *(teilnahmslos)*: Ach, Sie sind das. Ich fürchte, da ist nichts mehr zu machen. Der Flug ist geschlossen.

Der Enkel trommelt mit den Fäusten auf dem Schalter.

ENKEL: Nein, nein! Sie verstehen nicht! Ich hab hier Arier-Bonus! Frechheit! Ich muß zu meiner Oma! Sofort! Sie hat das Dönitz-Käst ...

ROLLA: ... bist du wohl still, Mopsface!

EINCHECKFRAU: Ich glaube, Sie verstehen hier etwas ganz und gar nicht.

Sie greift zum Telefon.

EINCHECKFRAU: Sicherheitsdienst, kommen Sie bitte sofort zu Schalter zehn!

Mehrere bewaffnete, schwarzgekleidete Soldaten rennen auf den Schalter zu. Sie werfen den Enkel zu Boden, einer setzt sich auf seinen Rücken und verbiegt ihm den Arm in eine unmögliche, sehr schmerzhafte Stellung, während der Soldat in sein Headset Kommandos schreit.

Rolla nutzt das Tohuwabohu, schlüpft hinter den Schalter und verschwindet in der Dark Admiral Lounge.

EINCHECKFRAU: Jeden Morgen dasselbe! Scheißarier!

Innen / Tag *Lounge*

Alfie überfliegt die Titelseiten und Schlagzeilen der Hamburgisch-Christlichen Tagespresse. „Besucherrekord beim Kirchentag", „Gott ist heute in Hamburg", „Planten und Blomen wie am ersten Tag" und „Genesis in der Rothenbaumchaussee".

Er legt die Zeitungen genervt beiseite und versucht, ein Glas Milch zu trinken, das aber verschwappt, bevor er es zum Mund führen kann.

Eine alte Dame kommt aus der Loungetoilette gewankt. Sie trägt ein hellgraues Twinset, eine Perlenkette, Pagenkopf und eine sehr dicke Hornbrille. Es ist Rolla, als Oma verkleidet. Sie tapert auf Alfie zu.

OMA: Da bist du ja endlich, mein Kleiner. Ich habe mir schon Sorgen gemacht. Aber ich kenne das ja, immer zu spät, meine Enkel, ihr werdet das wohl nie lernen.

ALFIE *(verwirrt)*: Oh, ja, es tut mir leid, ähm, der Verkehr, die Christen ...

Die Oma nimmt ihn in den Arm und tätschelt seine Wange.

OMA: Ist schon gut, ich weiß. Du bist ja da. Das ist das Wichtigste. Und nun laß uns gehen, der Flug ist schon aufgerufen.

Alfie nimmt den kleinen Handkoffer der Oma, sie hakt sich ein, und gemeinsam gehen sie zum Gate. Die anderen Alten trotten mühselig hinterher.

Innen / Tag *Flugzeug*

Die Dark Admiral Class der Lufthansa ist eine Hommage an den Barcelona-Pavillon von Mies van der Rohe – die Glasflächen sind Hologramme. Im Flugzeug nur Greise. Alfie und die alte Dame sitzen nebeneinander.

OMA: Gut, daß du mit nach Frankfurt kommst. Du warst immer

schon mein Lieblingsenkel. Und nun hast du ja zum Glück auch diese Wutausbrüche im Griff, die du als kleines Kind immer hattest. Ich erinnere mich ...

ALFIE: Sie ... Du erinnerst mich auch an jemanden.

OMA: Ach Jungchen, diese Späße, wie niedlich. Ich bin doch schon immer deine Oma gewesen.

Eine Stewardeß verteilt heiße schwarze Tücher. Alfie wischt sich damit gründlich übers Gesicht.

ALFIE: Hier, Oma, fürs Gesicht.

OMA: Nee, danke, laß mal. Dann muß ich mich nur wieder neu schminken. So ist das mit uns alten Leuten. Jungchen, ich mache mir solche Sorgen. Dein Vater damals, als mein guter Willi starb, weißt du, bei der Beerdigung, auf dem Weg zum Friedhof, also dein Vater sagte damals im Taxi, und ich werde es nie vergessen, er sagte, so, jetzt muß Vatter nur noch unter die Erde, und das wars dann. Und nebenher telefoniert er mit dem Küchenchef im Frankenhof und fragt, ob die Wachteleier auch frisch sind für den Leichenschmaus ...

Alfie reinigt sich selbstvergessen mit dem Gesichtstuch die Fingernägel und sieht auf.

ALFIE *(spielt mit)*: ... ah, Vater, ja, das Essen, irgendwie lebt der nur noch dafür. Ich habe mich immer gewundert, woher er das

Geld für all die teuren Restaurants, also diese Abende im Reimann mit seinen Freunden ...

OMA: ... das kenne ich gar nicht, ach, weißt du, ich will es auch gar nicht kennen. Mein Sohn, dein Vater, er war so undankbar für alles, was ich, was wir, also erst die Akademie, dann das Protektorat, und alles nur über Willis gute Beziehungen, er hat seinen Vater immer gehaßt, der Manfred, nie konnte er mal ...

Eine kleine Gongmelodie ertönt, es gibt eine Durchsage.

KAPITÄN: Sehr verehrte Damen und Herren, wir haben nun die Flughöhe von zwanzigtausend Fuß erreicht, näher bei Gott. Ich hoffe, Sie haben sich angenehm bei uns an Bord eingerichtet. Wie der Herr es will, werden wir in einer Dreiviertelstunde in Frankfurt am Main landen. Das Wetter ist herrlich wie jeden Tag. Um Sie nicht zu derangieren, haben wir an der linken Flugzeugseite die Fensterklappen heruntergelassen. Sie sind von Hand nicht zu öffnen ...

ALFIE: ... links ist die Zonenseite ...

OMA: ... wie bitte?

ALFIE: Ach, nichts.

KAPITÄN: Einen schönen Flug noch und guten Appetit für Ihr Frühstück, das in diesem Moment serviert wird. Danke, daß Sie mit uns in der Dark Admiral Class fliegen. Amen.

ALFIE: ... kann ich dir mal was zeigen, äh, Großmutter?

Die Stewardeß reicht aus einem Wagen mit schwarzen Schnabeltassen heiße Getränke und stellt Alfie und der Oma jeweils ein kleines Gedeck aus Vollkornbrotschnitten mit Butter und Kaviar hin.

STEWARDESS: Leicht und bekömmlich: frisches Schwarzbrot von Nissen, dazu Butter vom Bodensee und Kaviar aus der Föderation. Bon appetit!

Alfie zieht die Fotografie aus der Tasche, die ihm der Greis in der Klinik gegeben hat.

ALFIE: Schau mal.

Die Oma fängt an, leicht zu zittern.

OMA: Schönes Erinnerungsstück. Schönes Bild.

Sie fängt sich wieder.

OMA: Weißt du, ich hab da was, das soll nicht in die Erbmasse eingehen. Wenn ich es dir jetzt gebe, wird niemals jemand aus der Familie davon erfahren. Du schweigst still, gelt?

Sie holt ein kleines silbernes Kästchen aus ihrer Handtasche und gibt es Alfie. Auf dem Deckel ist in feiner Schrift das Wort „Dönitz“ eingraviert.

Alfie nimmt das Kästchen an sich, dreht und wendet es. Die Oma beißt in eine Schnitte.

OMA *(mit vollem Mund)*: Mhmm. Nicht schlecht. Warum schmeckt denn diese schwarze Konfitüre so fischig?

Sie sieht ihn von der Seite an.

OMA: Nun steck's schon ein.

Die Stewardeß kommt abermals mit einem Wagen den Gang hinuntergefahren. Plötzlich fällt, während sie essen und trinken, der Druck in der Maschine. Schwarze Gasmasken fallen aus der Decke, die alten Menschen greifen sich wie choreographiert ans Herz, und die Stewardessen in den schwarzen Uniformen stolpern synchron durch den Raum, die Schwarzbrotschnitten und das Handgepäck fliegen umher, die Maschine ist im freien Fall, es saust und pfeift wie in einem Jetfighter beim Bombenangriff.

Montage: Extreme Nahaufnahme der vibrierenden Ohrenhaare eines sehr alten Mannes. Die Flamme einer Kerze weht im Wind. Rauschen. Dann mehrere Kerzen, ein Rabbiner im Kreise einiger Kinder liest den Sabbat. Leise und blechern ertönt die Melodie von „If I didn't care". Alfie sitzt auf einem Stuhl und hält das Foto der jungen Frau aus der Zone in der Hand, sieht aber an die Wand. Dann eine neblige Wiese, Flüchtlingszelte, Wind kommt auf, weht Müll und Papier zwischen den Zelten umher. Absperrungen, Stacheldraht, alles wirkt wie eine Baustelle, behelfsmäßig – es ist die Grenze zur Zone. Eine rote Leuchtrakete fliegt von irgendwoher hoch und taucht für ein paar Sekunden den Nebel in ein milchig-orangenes Licht.

In den Wäldern der Zone: Alfie läuft auf einem Pfad, an Bäumen vorbei, das Unterholz knackt, von irgendwoher das helle Lachen eines Kindes, er erschrickt, dreht sich um, auf dem Pfad hinter ihm steht der Greis aus dem Krankenhaus. Er lächelt. In dessen offener Handfläche eine Walnuß, die aufplatzt.

Innen / Tag *Flugzeug*

Alfie schlägt die Augen auf. Alles ist ganz normal, die alte Dame neben ihm schläft lächelnd, ihr Twinset ist nicht einmal derangiert. Das Bordessen der Lufthansa liegt noch unberührt vor ihm, nichts ist passiert.

Alfie macht die Augen auf, zu und wieder auf. Das Flugzeug beginnt den Landeanflug. In der Steilkurve schimmern rechts die Wolkenkratzer von Frankfurt. Er schiebt das Kästchen in seine Latzhosentasche, zu der Fotografie.

Das Flugzeug landet und rollt aus. Ohne abzuwarten, daß die alte Dame erwacht, läuft er in den Finger.

Die alte Dame schlägt die Augen auf und sieht Alfie hinterher.

Innen / Tag *Flughafentoilette*

Rolla zieht sich eine hauchdünne Latexmaske mit den Zügen einer alten Dame vom Gesicht, nimmt die Polster aus ihrem Korsett und streift das Twinset ab. Hinter einer komplizierten Büstenhalterkonstruktion kommt eine behaarte Männerbrust zum Vorschein. Rolla schaut in den Spiegel und schminkt sich schnell und sicher mit rotem Lippenstift.

ROLLA: Ach, Alfie, Scheiße, Scheiße, ich schaff das nicht. Wirklich nicht.

Sie zieht rasch die Omaschuhe aus und fährt sich hastig, aber geschickt mit einem Einwegrasierer am Hals herum. Dabei wechselt sie mädchenhaft von einem strumpfbehosten Fuß auf den anderen.

Innen / Tag *Flughafengebäude*

Alfie schliddert auf dem Noppenboden, fängt sich aber wieder, reißt dabei einen ihm entgegenkommenden Soldaten um, der ihn sofort nach seinem Ausweis fragt. Er greift in die Tasche und hält dem Soldaten einen Paß hin.

Nahaufnahme: Der Paß ist ausgestellt auf den Namen „Wiligut“ – das Foto zeigt einen ältlichen, langhaarigen Bartträger, der überhaupt nicht aussieht wie Alfie. Der Soldat lächelt, winkt ab, zwinkert, gibt ihm den Paß zurück und bedeutet ihm, er möge weitergehen.

Innen / Tag *Flughafengebäude*

Rolla läuft an dem Soldaten vorbei, besinnt sich kurz und geht zurück.

ROLLA: Wo fährt der Zug nach Heidelberg ab?

Der Soldat fühlt sich geschmeichelt, rückt seine schwarze Kevlarweste zurecht und räuspert sich.

SOLDAT: Ähm. Ja. Junge Frau, ist mir eine Ehre. Es geht dort hinten die Treppe abwärts. Wenn ich Ihnen sonst noch ...

ROLLA: ... nee, danke, Wiedersehen!

Rolla rennt in Richtung Treppe. Der Soldat schüttelt entrückt den Kopf.

SOLDAT: Ach schade.

Innen / Tag *Flughafenbahnhof*

Der ICE „Weisthor" fährt pfeilschnell ein. Vor Alfie kommt eine weiß eingerahmte Pforte als Tür zu stehen. Sie öffnet sich sehr langsam erst vor-, dann seitwärts.

Rolla kommt eine Rolltreppe hinuntergerannt und sieht gerade noch, wie Alfie einsteigt. Sie betritt den Zug einen Wagen weiter hinten.

Alfie fällt in den Sitz, ermattet, erschöpft, er lehnt mit der Stirn an das verdunkelnde Fensterglas, prüft den Fettfleck, den seine Stirn auf der Scheibe hinterläßt. Der Zug fährt leise, fast unbemerkbar sanft an. Im Fettfleck erscheint gespiegelt das etwas verzerrte Gesicht von Udo Kier.

UDO KIER: Da ist doch wohl noch frei, oder?

Alfie schaut erschreckt auf und wischt den Fettfleck vom Fenster hektisch weg.

ALFIE: Ja, ja, natürlich, warum?

Kier zündet sich eine Zigarette an, saugt den Rauch hungrig ein und bläst ihn Alfie ins Gesicht.

UDO KIER: Sie sind mir ja einer, auch Christ, was?

ALFIE: Nein, nein. Aber ich muß in die Zone. Wissen Sie vielleicht, wo die ist?

UDO KIER: Sie fragen ganz schön viel. Zu viel, wie ich finde. Aber gut. Sie fragen, also sollen Sie auch eine Antwort bekommen. Kommen Sie doch einfach mal mit.

Udo Kier steht auf und weist mit seinem Arm in Richtung Wagenübergang und geht voraus.

ALFIE: Halt, ich meine, wo ...?

Alfie folgt ihm, beide betreten zusammen die Behindertentoilette. Kier klappt die Wickelablage herunter. Im hellblauen fahlen Licht stellen sich beide nebeneinander vor den Spiegel. Kier formt mit Daumen und Zeigefinger der rechten Hand vor seinem Auge einen Kreis, eine Null. So bleiben sie lange still nebeneinander stehen, bis das Neonlicht plötzlich anfängt zu britzeln ...

Hier bricht das Drehbuch ab.

Ein Teil der Texte ist in den letzten Jahren in Zeitungen und Zeitschriften erschienen.

NOTIZEN